CRIANZA PARA
PADRES CANSADOS

Preguntas que no pasan de moda

Luciano Lutereau
y Trinidad Avaria

Crianza para padres cansados

© 2025 Luciano Lutereau y Trinidad Avaria

Primera edición, 2025

Director de colección: Eduardo Torres
Directora de producción: M.ª Rosa Castillo
Corrección: Nuria Barroso
Maquetación: Coopera editorial
Diseño de la cubierta: cuantofalta.es

© 2025 Editorial Sentir es un sello editorial de Marcombo, S. L.
Avenida Juan XXIII, n.º 15-B
28224 Pozuelo de Alarcón. Madrid
www.editorialsentir.com
Contacto: sentir@marcombo.com

© 2025 Colección Sentilibros

ISBN: 978-84-267-4004-5
D. L.: B 13219-2025

Impresion: Servicepoint
Printed in Spain

Libro ecológico
Impreso con papel procedente de bosques gestionados
de manera eficiente, libre de cloro

CRIANZA PARA PADRES CANSADOS

Preguntas que no pasan de moda

Luciano Lutereau
y Trinidad Avaria

Índice
de contenidos

CUARTA PARTE
Las consultas de los padres

PRÓLOGO PARA
PADRES CANSADOS

Vivir en la ciudad es, en alguna medida, correr, estar siempre apurados. Padres y madres cuentan en la consulta lo caótico de sus mañanas: desayuno, vestir, peinar, lavar dientes, meter prisa a los hijos mayores para correr al coche y partir al colegio, o para esperar el autobús, siempre deprisa y corriendo. Lo mismo por la tarde, al llegar cansados del trabajo: hacer la cena, bañar, poner el pijama, y que se duerman lo antes posible para ver la serie de turno y así poder desconectar la cabeza un rato. Es esta eterna carrera contra el tiempo la que no nos deja espacio para hablar con nuestros hijos, y, en muchas ocasiones, lo único que ellos nos escuchan decir es "estamos cansados".

Lo anterior, no tener tiempo para hablar con nuestros hijos, supone una paradoja que plantea Paul Auster en su novela *Diario de invierno*: "Habla ya antes de que sea demasiado tarde y confía luego en seguir hablando hasta que no haya nada más que decir. Después de todo, se acaba el tiempo". Dejamos de hablar con nuestros niños y niñas porque no hay tiempo, cuando precisamente por eso deberíamos hablarles, contarles historias, porque, indefectiblemente (como también relata Auster), un día los dejaremos en el suelo y no volveremos a tomarlos nunca más.

1

Este no hablar no se traduce necesariamente en silencio (muchas veces, el silencio habla mejor que las palabras). La ausencia de relatos la impone la falta de tiempo. Una de ellas la ejemplifica la psicoanalista francesa Françoise Dolto cuando señala: "No es muy exagerado decir que los adultos esperan de sus hijos que les aporten lo que les aportaba la presencia de sus propios padres, cuando recuerdan cómo todo el mundo se juntaba por la noche, en la velada [...]. Tal vez no estuvieran muy actualizados, pero eran tranquilos y siempre tenían algo entretenido para contar. ¿Cuáles son los padres que, en lugar de contar a sus hijos, por la noche, algo interesante, no tienen más que una palabra a flor de labios, una sola palabra: 'Dime qué has hecho en la escuela', amén de objetar al niño, que por su parte espera de sus padres la apertura sobre el mundo?". ¿Cómo puede entonces un niño crecer, querer convertirse en adulto, en ciudadano de un mundo que empieza con él, que se inaugura desde su llegada, donde parece que no hay una historia que lo preceda? Es a través de la historia que los niños se hacen conscientes del valor de vivir: cuando reconocen el mundo mediante el lenguaje, en los relatos de los padres sobre un mundo anterior. Ahí nuestros hijos encontrarán el sentido de la historia que asegura el lazo sensible del deseo, en una trenza que va de generación en generación.

Otra forma de no hablar, llena de palabras, es dirigirse a los niños solo para darles órdenes, o para comprobar la lista de lo que hay que hacer. Muchos de los adultos que estamos en etapa de crianza vivimos vidas precarizadas, en un sistema en que pocas verdades son seguras (el trabajo y la pareja, antiguos referentes sociales estables, son hoy frágiles y transitorios). Somos nosotros, los mayores, quienes vamos a buscar seguridad en nuestros hijos e hijas, y depositamos nuestras esperanzas en sus futuros: "Cuéntame qué hiciste en tu día, pero cuéntame que todo fue bien, para tener la esperanza de que todo estará bien". Nos concentramos en repasar si hizo las tareas, si dejó listo lo que necesita para el día siguiente (todas cosas importantes, no lo negamos) y olvidamos que los niños y niñas conocen a sus padres solo cuando estos ya han vivido, en la mayoría de los casos, un tercio de su vida. ¡Qué importante es relatar ese yo antes de ti! En esos relatos el niño encuentra su filiación, se convierte en hijo descubriendo un mundo que no le pertenece pero que fue habitado y creado por otros antes que él y, en parte, para él. Se despliegan las historias que construyeron el camino que culmina con su llegada, donde otro camino comienza.

Es importante para los niños saber a quiénes referirse, saber que sus padres tuvieron abuelos, padres, que fueron niños. Solemos preocuparnos porque queremos que a nuestros hijos les vaya bien, que les vaya mejor que a nosotros y olvidamos que para que alguien pueda ir más allá de sus padres, se necesitan padres. Nos concentramos en la educación, en las notas, que logren determinados aprendizajes, los informes de fin de curso que declaran que el niño está bien, que puede seguir avanzando; sin embargo, como bien dice Meirieu, la enseñanza es obligatoria y el aprendizaje una decisión.

Con esto no queremos decir que baste con contarle historias sobre nosotros para enseñar a un niño, pero si volvemos a las historias de nuestros padres, podemos darnos cuenta de que hay algo que comienza a hacerse propio, y que, por lo tanto, se puede volver a transmitir. Es el tejido de lo filiatorio. ¿Qué haremos con lo que nuestros padres nos han contado? Volver a contar a los que aún no existen, educar lo que aún no es.

De este modo, la pregunta central que formulamos en este libro es: ¿cómo podemos robarle un poco de tiempo al cansancio generalizado? Porque el tiempo no es algo que se tenga, sino que se consigue y, por cierto, ¿no ocurre a veces que cuando hacemos algo placentero descansamos más que cuando no hacemos nada (más que descansar, por ejemplo, dormir)? Para que una palabra más eficaz que el silencio sea la vía de lazo con nuestros hijos, no solo porque será más gratificante para ellos, sino porque nos dará a nosotros la seguridad que a veces los padres no sienten cuando tienen que cumplir con su función parental.

En nuestros días es común que los padres nos preguntemos si estamos haciendo las cosas bien o mal y, la verdad, es que esta pregunta surge cuando creemos que los roles de padre o madre son ideales y pueden compararse; sin embargo, ¿qué hace de un adulto el padre o madre de un niño? Que le transmita algo de su deseo y eso no ocurre de otra forma más que con la palabra. No porque el adulto le hable de lo que le gusta, sino que el deseo es el hilo que lleva la palabra del adulto al niño. Gracias al deseo del adulto (de un adulto en particular) es que un niño, además de tal, se convierte en hijo. Porque somos hijos del deseo, cuestión que no se relaciona con que ese niño haya nacido de manera planificada o llegado al mundo de forma inesperada. Y el deseo solo es algo que conocemos cuando empezamos a hablar, de la misma manera en que al salir de una fiesta a la que quizá no teníamos pensado ir, de repente, decimos: "¡Qué bien estuvo esto!", esa sorpresa es el deseo, que se descubre como el tiempo del juego, que nos encuentra cuando nos animamos a hacer algo más vital que descansar.

PRIMERA PARTE
NOSOTROS, LOS PADRES
DEL SIGLO XXI

1

EL PLACER
DE CRIAR

Probablemente hoy en día no exista una tarea más difícil en este mundo que la de criar a un niño. Desde el embarazo, si no antes, la llegada de un bebé requiere ceder en parte lo más propio, nuestro cuerpo, que será por muchos años objeto de ese niño para convertirse en un cuerpo que es del bebé, pero también de la madre. Para hacerle espacio a un niño o niña se necesita dejar que se revuelvan, desordenen y vuelvan a ordenar nuestros planes, prioridades, presupuestos, tiempos y espacios. Se requiere de poder redefinir lo que se entiende como intimidad, y de atravesar el miedo de que algo le pase a nuestro hijo, la ansiedad de no hacerlo bien. La demanda de un niño es siempre infinita y, frente a esto, es absolutamente normal angustiarse. Criar a un niño o una niña implica estar a cargo de proteger y cuidar a otro, sin saber muy bien qué hacer.

Hace mucho tiempo atrás, criar era una tarea social: los niños eran un poco niños de todos, del barrio. Los referentes de crianza eran claros: se criaban ciudadanos, se ayudaba a los niños a insertarse en una sociedad de la que eran un elemento vivo necesario. Las tareas que excedían a los padres o a la familia eran asumidas por una institucionalidad mayor. Hoy, en un sistema eficientista y pragmático, donde lo que importa es sobre todo la producción, se cría para ser "los mejores adultos posibles" sin que se tenga muy claro qué significa esto y sin considerar la infancia como un tiempo de valor presente, qué sucede hoy. Criamos desde la individualidad, apurados, asustados, compitiendo, en solitario; viviendo las dificultades propias de la crianza en el encierro del hogar, esperando que nadie se entere; ya sea por el temor al juicio (en el mejor de los casos) o a la vigilancia real de la que son objeto las familias más vulneradas de nuestros países.

Desde las políticas públicas, el discurso social, los manuales y blogs de crianza se nos señala lo que debemos hacer, sin generar necesariamente los espacios de compañía y sostén para quienes criamos, sin espacio para ir descubriendo de manera progresiva y desde la singularidad de cada niño y cada familia una forma de hacer. Los padres leemos, investigamos, preguntamos a otros padres, a nuestros padres, a especialistas; sin embargo, estas respuestas no parecen bastar, porque son pocas las oportunidades que tenemos de realmente compartir la cotidianeidad, escasean los momentos de encuentro con otros que ya atravesaron esa etapa y podrían comprenderla, o con quienes la están atravesando y podrían acompañarnos.

Quizá por este complejo entramado de razones, sucede cada vez más que los padres llegan a las consultas pidiendo algo así como una asesoría en crianza, sin un síntoma específico de sus hijos, sino más bien demandando que los ayudemos a criar, que seamos guías en llevar esta pesada carga que parece superarlos.

En este escenario es difícil entender por qué alguien quisiera tener un hijo, por qué aún no nos hemos extinguido como especie, cuando parece como si hubiéramos dejado de experimentar el placer de criar. No nos referimos con esto a un discurso facilista que, desde un ideal, plantea que lo más satisfactorio que puede hacer un adulto (específicamente, una mujer) es tener un hijo. La verdad es que el placer y la angustia se mezclan y alternan en esta difícil tarea, como en todo acto de amor.

Parte de las angustias con las que se vive la crianza tiene que ver con que la extrema dependencia del niño pequeño (dada su inmadurez biológica), lo que termina por interpretarse muchas veces como una pasividad absoluta. El bebé es entendido como un objeto que necesita solo cuidados adecuados para su supervivencia. Ignoramos entonces que, desde el primer día, el bebé muestra una capacidad creciente de pensamiento propio, creativo y participativo que va siendo creado a través de las envolturas de quien cuida, envoltura que es principalmente gestual: la caricia. Como dice Víctor Guerra, psicoanalista uruguayo, mientras el bebé va siendo escrito, funda él mismo su propia caligrafía. No hay placer más grande que acariciar a un bebé, olerlo, mecerlo mientras se lo cuida, se lo alimenta, se lo cambia, es una experiencia sinestésica, donde muchas veces al tocar se pueden percibir sabores u olores.

Con el paso del tiempo el bebé comienza a moverse cada vez más y acompañar esos circuitos que él inaugura puede ser también fuente de gran placer. Los niños (y los adultos también, por cierto) no tienen un cuerpo, son un cuerpo; somos siempre una experiencia corporal de la cual se aprende. Los niños, al moverse, sentarse, gatear, dar sus primeros pasos, nos recuerdan el placer y la alegría de existir, de ser un cuerpo vivo que se mueve, lleno de potencialidades. Un niño que sea libre de moverse siempre convocará al adulto que lo cuida a moverse con él.

Queremos dar cuenta del mundo al que se accede cuando se acompaña a un niño o niña a crecer, no en las lógicas productivas de la adultez, sino siguiendo al bebé o al niño en sus ritmos, permitiendo que nos muestre la entrada a un mundo casi platónico que nos lleva a revisitar las propias escenas infantiles, y habitar un tiempo que no está estructurado y destinado a hacer algo específico con un fin: el tiempo del juego. El niño no pretende conocer el futuro, lo crea a través del juego que es siempre presente. No es que un adulto tenga que necesariamente jugar con su hijo (si así lo desea podrá hacerlo), el lugar del adulto en este ámbito guarda relación con permitir al niño un tiempo no productivo, no saturado de talleres y tareas, en el que el niño pueda desplegar ese mundo de fantasía en el que habita.

Otra instancia de gran placer al criar a un niño es escucharlo hablar. Las primeras palabras, luego algunas frases, una forma de nombrarse a ellos mismos, incluso neologismos que adoptaremos rápidamente. Los niños poseen ya su propio código de lenguaje, que es diferente del lenguaje de los adultos. Es maravilloso escuchar a un niño hablar, y más lindo aún es espiarlos cuando hablan entre ellos. Los niños entre ellos aceptan un lenguaje universal, que permite a los unos y a los otros comunicarse con unas palabras que deberían decir otra cosa y, al mismo tiempo, continúan hablándole a seres visibles o invisibles, a seres imaginarios. Es una lengua que está centrada en la sonoridad y las imágenes, no funcional, se habla por placer, algo que a los niños les resulta indispensable.

El fundamento del placer de criar radica en que al acompañar a un niño en su proceso de crecer podemos revisitar y acoger al niño que fuimos. Como señaló alguna vez Françoise Dolto: "Es verdad que los niños son poetas. El adulto puede ser también poeta, pero ha olvidado que, cuando era niño, ya lo era". Criar a un niño, si permitimos que nos enseñe, es muchas veces recordarlo.

2

EL IDIOMA
DE LOS NIÑOS

Los niños no son cosas que haya que poner en lugar u otro para que no estorben. Si esto es evidente, ¿por qué a veces les decimos "Quédate quieto"? ¿O, como dicen la célebre canción de Joan Manuel Serrat "Déjate ya de joder con la pelota"?

Los niños no son objetos, es algo en lo que todos podríamos estar de acuerdo, pero ¿por qué a veces decimos "Ya no sé qué hacer con este niño"? Porque si creemos que habría que hacer algo con él, ese "él" (o ella) nombra un objeto sobre el que recaería una acción: bañarlo, alimentarlo, dormirlo, educarlo, etc.

No es fácil dejar de ver a los niños como cosas u objetos. A los adultos se nos impone esa actitud, que no sería peligrosa si no fuera porque olvida un detalle fundamental: que los niños hablan. Antes que cosas u objetos, los niños son ¡seres hablantes! ¡Qué gran descubrimiento el del psicoanálisis!

Fácil es decirlo, pero ¿cuáles son las consecuencias de esta afirmación? ¿Quiere decir esto que a los niños hay que consultarles sobre todo? Este último movimiento es una tendencia en la crianza actual, hacer participar a los niños en decisiones que no les conciernen, como si el hecho de que hablaran justificase que la familia se convierta en un sistema de deliberación permanente. Si bien en una familia todos hablan, también hay representantes de la autoridad. Una familia no es una asamblea permanente, tampoco un sistema monárquico (ni la tiranía de los niños). Alcanza con que sea una democracia, con todas sus dificultades y desafíos.

A partir de lo comentado con anterioridad, podríamos preguntarnos: ¿qué es ser el padre o madre de un niño? Es ser el adulto que tome ciertas decisiones y esté dispuesto a soportar la angustia que implica, a veces, decidir por quien aún no está en condiciones de hacerlo; porque hacer caer en los niños algunas decisiones puede ser angustiante y, por cierto, es importante que los niños tengan en sus padres puntos de referencia firme respecto de los cuales situarse. Pongamos un ejemplo: hace poco una madre planteaba que no sabía cómo hacer para criar a su hijo para que este pudiera elegir, libremente, su orientación sexual. La respuesta que le dimos fue: lo primero es asumir que la elección sexual de un hijo (sea la que sea) no puede ser indiferente; entonces, lo primero es tener en claro qué expectativa se tiene, a sabiendas de que el niño hará con esa determinación lo que pueda y quiera. En todo caso, la libertad del niño vendrá cuando los padres puedan repensar sus expectativas y deseos para con ese niño y aceptar su diferencia (porque todo hijo es diferente al que esperamos), pero es un grave problema que los padres quieran de antemano tener una actitud que contemple todas las opciones, porque desconocerían su propio deseo en relación con ese hijo y, en este sentido, estarían renunciando a ser un modelo de identificación para ese niño.

Este es un gran problema de nuestro tiempo, que tratando de no "traumatizar" a los niños, los padres abandonan su lugar de referencia: ser "modelos" no se significa ser ideales, ni el mejor "ejemplo", alcanza con transmitir un criterio, un punto de vista que, con el tiempo, los niños podrían tomar o rectificar para constituir su propio punto de vista. Volvamos a la cuestión del lenguaje.

Los niños hablan. Es algo que puede comprobar cualquiera que los escuche. Y lo magnífico es notar que les encanta jugar con las palabras, que hasta inventan su propio idioma. Desde muy pequeños los niños se divierten haciendo juegos de palabras, inventando nombres disparatados, como cuando descubren que alguien se llama de una forma diferente a como le dicen los demás. Para los niños las palabras son algo bien extraño desde un comienzo, pensemos sino en ese juego, el teléfono, en que un niño dice una frase a otro en el oído, para que los demás no escuchen, luego este la dice a otro y así sucesivamente hasta que el último dice una frase completamente diferente de la del principio.

Esta última indicación nos lleva a otro juego fundamental que a los niños les encanta hacer con las palabras: decir secretos. Sin duda es un gran logro psíquico que un niño empiece a contarlos, incluso cuando a veces simplemente busque murmurar en la oreja de alguien. El gran secreto es, entonces, ¡que las palabras no dicen nada! Por eso también se las puede usar para mentir. He aquí otros de los grandes descubrimientos del psicoanálisis respecto de los niños: que no solo los niños mienten, sino que es muy importante que mientan.

Lo contrario de la verdad no es la mentira, sino lo falso; acaso, ¿no puede mentirse con verdades? Por lo tanto, la mentira se relaciona más bien con el arte de engañar y aquí es donde cabe hacer algunas precisiones: mentir no necesariamente es querer dañar a otro, sino que muchas veces confronta con algo difícil de confesar, incluso quien miente a veces no sabe que miente, ya que también es posible mentirse a sí mismo. En el caso de los niños, siempre es penoso que los adultos los interroguemos para que confiesen. Pensemos en el caso típico en que un adulto sabe que un niño hizo una travesura y, frente a otros, le pide que reconozca que ha sido él. Quizá por vergüenza, o porque ese acto tiene un sentido (inconsciente) que aún no puede asumir, el niño lo niega. Y no lo niega porque con esa mentira quiera herir al adulto, sino porque aún no puede elaborar lo sucedido. Los adultos, padres y educadores, tendríamos que aprender a ser menos moralistas con los niños o, al menos, no exigirles una moral de la honestidad que ni siquiera somos capaces de aplicar con nosotros mismos. Si tenemos miedo que un niño nos tome por tontos, no tenemos que ser tan tontos como para hacer la vista a un lado, de vez en cuando, no es una tontería, sino un acto de amor y confianza.

Por otro lado, un juego diferente que ejercitan los niños con las palabras se practica a la hora de comer. Hoy en día es un motivo de consulta frecuente aquellos niños que tienen una alimentación selectiva, que prácticamente no comen, o bien solo se alimentan de unas pequeñas porciones de nada. Incluso la industria ha hecho lo que nunca antes: diseñar alimentos con formas (rostros, aviones, etc.) para "estimular" el apetito. Pero esto es muy poco divertido, dado que muestran más bien una reducción de lo más propiamente humano a la animalidad. ¡Eso sí es engañar! Mientras que la escena de alimentación de un niño es impensable si no la pensamos como un juego de palabras; por ejemplo, no hay más que recordar la situación típica en que un niño pregunta qué es lo que se va a comer y si el adulto responde "Pescado" es posible que el niño diga que no le gusta, mientras que si le dice "Pollo" lo comerá tranquilamente. Entonces ¿qué es lo que come el niño? Es evidente: ¡palabras! Quisiéramos recordar aquí también la anécdota de una abuela cuyos nietos prácticamente no querían comer nada, salvo "Galletitas" y, entonces, la sabia señora les preparaba "Galletitas de arroz", "Galletitas de carne al horno con patatas" y demás curiosidades que, en absoluto, tenían que ver con darle forma de galleta a los alimentos. Alcanzaba con nombrarlos, porque un niño se alimenta de palabras y su hambre es la curiosidad.

Podemos concluir este apartado, entonces, con algunas consideraciones que nos permitan quizá empezar a jugar un poco más con el lenguaje. Por un lado, como dijimos, el lenguaje mismo miente, ya que solo es capaz de representar, nunca de ser eso que representa. Así, la verdad no es la exactitud, sino que la relación con lo que se escapa a esa representación y que no podemos renunciar a explicarnos. De esta manera, consentir hablar es consentir mentir, porque lo real solo puede ser dicho a través de la mentira. Tomar nota de este fracaso estructural del lenguaje es poder hablar sin pretender decir la verdad, y frente a este paso, algunos niños avanzan y otros se detienen en el umbral. Son los niños diagnosticados como "índigo", "Asperger", niños con un trastorno del lenguaje, niños con un trastorno del desarrollo.

Los seres humanos somos una especie prematura, la familia y el lenguaje mismo son los encargados de entregar a un niño los elementos necesarios para la humanización. Con esta cuestión nos encontramos diariamente en nuestra consulta: niños de los que se habla pero a los que no se les habla, niños que no hablan, niños a los que es difícil entender lo que hablan.

¿Qué se necesita para que un niño hable? Una condición necesaria es que se le hable, que se le permita ese gran paso.

Otra condición, detallada en un principio, es que su palabra se tome por verdadera, más allá de que sea o no verdad. Pero esto no basta, los niños no son el efecto causal de sus padres, y cada niño particular deberá tomar del mundo social los elementos que necesite para constituirse como ser hablante. Frente a este paso, los adultos solo podemos esperar, porque aun asegurando todas las condiciones que hemos revisado, hay siempre en el deseo de todo niño un punto de indeterminación.

3

¿HIJOS DESEADOS, HIJOS FELICES?

En las décadas de 1960 y 1970, la psicoanalista Françoise Dolto participaba en un programa de radio en el que contestaba cartas de padres que le planteaban diferentes dificultades y preguntas cotidianas concernientes a la crianza de sus hijos. Una de las preguntas que se repetía, y que se transcribe en su libro *Niño deseado, niño feliz*, era: "¿Es necesario que ambos padres deseen a sus hijos?". Esta pregunta, que enmascara el temor al daño irreparable a los hijos por no haber sido suficientemente deseado, se repite hoy, cincuenta años después.

En la consulta, Rafael cuenta muy angustiado que su hijo adoptado, Javier, hoy de dieciocho años, empezó una investigación sobre su origen. Teme lo que pueda encontrar y cómo esta verdad lo puede afectar. Hace unas semanas Rafael se enteró de que el chico es el sexto hijo de una familia pobre, y que la madre lo entregó en adopción porque no podía mantenerlo. Teme la reacción que puede tener al enterarse, y que esta verdad pueda ser un golpe de timón que cambie el curso de la vida del joven.

En una institución, Benjamín, de un año, gatea entusiasmado por la zona de niños pequeños mientras su madre cuenta a Claudia, madre de Amelia, de tres años, cómo vivió el embarazo de Benjamín entre crisis de pánico y mucha angustia, dado que, al no estar en pareja, no esperaba tener un segundo hijo. Claudia responde que ella y su pareja quisieron mucho tener a Amelia, la planificaron y la tuvieron después de los treinta años; sin embargo, la maternidad irrumpió como un imposible para Claudia, quién se deprimió mucho después del parto. Hoy Claudia teme haberle causado un daño irreparable a Amelia, y en cada gesto de la niña interpreta algo de ese daño.

En los tres casos, el de Javier, el de Benjamín y el de Amelia, hay un deseo que sustenta la vida de esos niños; y en los tres casos, sus madres y padres se angustian con la posibilidad de que ese deseo no haya sido suficiente. Dolto señala que "El hijo deseado es el que viene por añadidura, a causa del deseo de una pareja que ya es muy feliz sin tener hijos". ¿Significa esto que solo los hijos de las parejas felices son los hijos deseados? En absoluto. Existe un universo de niños y niñas, la mayoría en nuestro país, que han sido concebidos y criados fuera de la pareja, que no han sido planificados, que han sido criados por otros que no son sus padres biológicos. ¿Podría decirse que esos niños no son niños deseados y, por lo tanto, serán infelices? En absoluto, origen no es destino.

Creemos que lo que dice Dolto es simple: por un lado, "hijo deseado" quiere decir "hijo del deseo", es decir, no hay alguien que desee al hijo, incluso una madre puede no querer a su hijo, pero ese hijo nace de un deseo; por otro lado, ese deseo es el que resulta de una pareja, no es individual; es, por lo tanto, deseo de deseo (esta es la definición mínima de una pareja), cuestión importante para tener en cuenta hoy en día cuando la maternidad se piensa a veces como un derecho liberal o como una función que solo subsidiariamente incluye a otro.

Desde este punto de vista, la maternidad no es una posición inmediata, sino que requiere la mediación de un deseo exterior, siempre hay un otro que hace de la mujer una madre para un hijo, o del hombre un padre para el hijo. Esa mediación que es el deseo, un deseo que no es apropiable, es lo que hace que los padres vivan la paternidad con cierto extrañamiento (a veces con la fantasía de ser "malos", otras con culpa, etc.), es decir, no hay nada más preocupante que un padre o una madre demasiado seguros de cómo criar a un niño. Todos quienes hemos sido padres sabemos que convertirse en padres es un trabajo que va mucho más allá de parir un hijo, ya que, como señala Dolto, "nunca estamos preparados para la sorpresa de lo desconocido que representa un ser humano". Eso explica por qué la paternidad suele llevar a una producción permanente de saberes (desde la pediatría hasta las nuevas formas de crianza) para reducir de algún modo esa distancia que hay entre un hijo y una mujer o un hombre; saberes que buscan acercar, pero que también separan. Entre una mujer y un hijo hay un deseo; entre una mujer y un deseo hay otro deseo; entre una madre y un hijo hay un saber.

Ahora lo último de verdad: la felicidad. "Una pareja que ya es muy feliz sin tener hijos", dice Dolto, y aquí piensa en el problema de los hijos que vienen a evitar que una pareja se separe, pero el tema es complejo, porque ¿qué hijo no cumple un poco esa función? No puede ser tan lineal la cuestión. Entonces, la felicidad de la pareja quiere decir que no depende de la presencia de otros; es decir, el "sin tener" es lo que importa, porque implica que la pareja (el deseo de deseo, no la pareja real) pudo prescindir de la posesión, que se puede desear de manera no apropiante, sin recurrir a objetos que sostengan el deseo artificialmente; la pareja que se sostiene en un proyecto, en algo en común, y pueden ocupar ese lugar amigos, un trabajo, viajes, etc. Dolto habla, entonces, del punto en que un deseo puede mostrar su carácter más específico: ser deseo de deseo. Un deseo que solo responde a otro deseo. Cuando eso pasa, de vez en cuando, ocurre la felicidad.

SEGUNDA PARTE

LAS PREGUNTAS
DE SIEMPRE

4

¿POR QUÉ LOS NIÑOS MIENTEN (Y DICEN INSULTOS)?

Los niños tienen una relación directa con el lenguaje, hasta el punto que podemos decir que mucho antes de aprender a hablar ya conocen el valor de las palabras. El vientre de la madre no es un espacio oscuro y aislado, sino una caja de resonancia en la que desde muy temprano el bebé escucha la palabra de los demás.

Es posible que un niño no entienda lo que oye, pero las palabras tienen un sentido que no se reduce solo a lo que significan. Porque con las palabras hacemos cosas, expresamos tonos y estados de ánimo, producimos efectos en los otros. Las palabras son mucho más que un conjunto de significados y, por cierto, cuando los niños empiezan a hablar hay dos fenómenos que se muestran especialmente interesantes, dos fenómenos que son parte de un crecimiento muy importante: por un lado, como dijimos en el apartado anterior, los niños descubren que las palabras sirven para decir la verdad, lo mismo que para mentir; por otro lado, un buen día advierten que las palabras también se pueden usar para insultar.

En este apartado nos detendremos en estos dos fenómenos, que suelen preocupar a los padres, con el propósito de ubicar que se trata de cuestiones normales (y hasta que se espera aparezcan) que demuestran un gran crecimiento en la relación con el lenguaje y ampliación de las relaciones sociales. Como ya dijimos, mucho antes que la verdad, los niños descubren la mentira. Y ni siquiera descubren la mentira como algo falso (lo opuesto de la verdad), sino como forma de engañar al otro. Por eso, los adultos acostumbramos a decirles "No (me) mientas" en lugar de "No digas mentiras".

Lo primero que descubre un niño es que es posible no contarlo todo, de ahí que pueda decir lo que no es o inventarse una historia. La experiencia de mentir supone para el niño una conquista: hay una parte del mundo que solo le pertenece a él, sus padres no adivinan lo que piensa, aunque él crea lo contrario, puesto que puede engañarles. Ese límite entre su mundo interno y los demás enriquece su vida psíquica al favorecer el desarrollo de su fantasía. La psicoanalista francesa Françoise Dolto dice, refiriéndose a las mentiras de los niños: "No es mentira, es una ficción, es algo que se dice 'en broma' por el placer de creer en ello, para soñar despierto sin riesgos... es novela".

Con la verdad pasa algo parecido, pero más interesante. A los niños les pedimos que digan la verdad; desde pequeños los sometemos a un empuje disciplinario a que nos digan todo, que no nos oculten nada, a la obligación de decirse a sí mismos. Esto nada tiene que ver con el modo más originario en que el niño descubre el valor del término: cuando nos preguntan si algo es real, si acaso existe tal o cual cosa, si un hecho pasó o no. Para los niños, la primera forma de la verdad se relaciona con desprender el mundo real del de fantasía. Por eso preguntan, por ejemplo, si hay monstruos de verdad. Y lo interesante es notar que la sede de la verdad es la palabra y verdadero es algo porque otro lo dice.

Los adultos les explicamos que la verdad es algo que deben sacar de dentro (de sí mismos) y ellos nos enseñan que no hay acceso directo a lo verdadero, que la verdad es algo que viene de fuera (de los otros) y sobre todo de quienes el niño considera que su palabra importa.

En este punto, podríamos recordar el caso de una niña –la hija de unos amigos– que mientras jugaba con su padre, cuando este impostó la voz y dijo ser un monstruo, le preguntaba si era de verdad o era el padre. Como a veces ocurre con los niños, dicen la verdad sin saberlo (la verdad que no se confunde con el saber), es decir, que todo padre es un poco de mentira.

Por eso, los adultos que tenemos que ocupar funciones parentales siempre nos sentimos un poco impostores cuando no nos angustiamos por tener que ser los representantes de roles que nos generan conflictos, cuando nunca podemos saber con certeza si estamos haciendo bien las cosas. Nadie cría a un niño sabiendo lo que tiene que hacer de antemano o, como dice el refrán: ningún niño viene con un manual bajo el brazo.

Por otro lado, en continuidad con lo que implica decir la verdad y el descubrimiento de las mentiras, cabe tener en cuenta otro gran descubrimiento de la infancia: las "malas palabras".

Siempre es divertido el momento en que los niños descubren las malas palabras. La mayoría de las veces no saben qué quieren decir (por ejemplo, un niño le puede decir "hijo de puta" a su hermano, sin darse cuenta de que entonces le dice "puta" a la madre), pero les encanta decirlas. Lo que descubren, entonces, es una forma de hablar, ¿cómo eso puede ser malo?

A los padres les preocupa, temen la mala educación, pero lo interesante de las malas palabras es que son un paso necesario en la conciencia que el niño va tomando de lo público. Porque descubre también que hay lugares en que se habla de un modo y lugares en los que se habla de otro. Las malas palabras –que no son necesariamente los insultos, porque hoy se insulta mucho (en medios gráficos, en redes sociales, en la televisión abierta, etc.); ante las "malas palabras" los padres se preguntan de dónde las sacó y rápidamente quieren rectificar esa manera de hablar– representan un gran crecimiento psíquico, porque son la primera aparición de una forma de hablar que no proviene de los padres y que, además, sitúa un "fuera" de ellos. Las malas palabras son la antesala de un mundo social que no se reduce a la familia.

Esta doble experiencia de las mentiras y las malas palabras muestran cuán sensible es la relación de los niños con el lenguaje. El modo también en que este no es un simple instrumento comunicativo, una forma de intercambiar información, sino que moldea lo más íntimo de la vida.

Respecto de la verdad, su vínculo con la palabra se comprueba también en la manera en que difícilmente un adulto pueda desdecirse con un niño; puede ser que le haya dicho que más tarde irían a la plaza y, si no cumple, el niño seguramente se molestará. Quizá no entiende que llueve y es mejor quedarse en casa, el punto será siempre que la palabra otorgada, la que se concede, tiene el valor de una promesa.

En este sentido, dado el valor que le dan a la palabra, no cabe duda de que los niños tienen con la palabra una relación más madura que la que poseen muchos adultos, en particular aquellos que no pueden hacerse cargo de lo que dicen.

Por otro lado, respecto de las malas palabras, la pregunta inmediata que surge es qué hacer. ¿Deben prohibirlas los padres? ¿Deben dejar que las digan los niños? En este punto, como suele ocurrir con las cuestiones fundamentales de la crianza, no hay recetas que puedan darse. ¿Quién puede decirle a un padre o una madre cómo criar a su hijo? Sin embargo, lo crucial es que si –como sostenemos– las malas palabras tienen un papel fundamental en el crecimiento, lo importante no es qué hacemos con ellas (como si pudiésemos evitar algo), sino que advirtamos que su aparición tiene un sentido. A lo mejor así nos enojaremos menos, como suele ocurrir cuando un fenómeno extravagante muestra su valor psíquico.

5

¿PARA QUÉ ES IMPORTANTE
LA LACTANCIA?

Una de las situaciones más interesantes que nos toca como analistas es cuando las mamás vienen a la consulta con sus bebés lactantes. ¡Qué importante es la lactancia! Tenemos el privilegio de poder atestiguar cómo al principio un bebé mama para alimentarse, pero después pasa algo maravilloso: empieza a jugar, como cuando gira la cabeza y vuelve a buscar el pecho materno, o empieza a tener conductas exploratorias con las manos, o se tira para atrás y arquea la espalda (lo que demuestra que se siente seguro y que no tiene miedo a caerse).

Del juego con el pecho materno se desprenderá el juego de dormir: el niño aprende a dormirse fuera de los brazos de sus padres porque juega en la cama con algún muñeco u objeto de apego. Por eso es importante, a partir de cierto momento, no reforzar el amamantamiento al dormir, porque así el bebé se acostumbra a dormirse por saciedad. A algunos les sigue pasando de mayores, que se levantan a medianoche y saquean el frigorífico. Algunos niños no se destetan a pesar de dejar de mamar; son los que empiezan a jugar con la comida (y pueden tardar una hora en cenar). De cualquier manera, lo que queremos destacar es que el destete no es dejar de mamar, sino jugar con el pecho materno. Cuando juegan demasiado algunas mamás se cansan y se niegan a seguir amamantando. Lo que está muy bien. Ha llegado la hora de jugar con otra cosa.

En lugares donde madres y niños puedan encontrarse en calma serán los ritmos y sonidos de los juegos y conversaciones de otros, niños y cuidadores lo que posibilitará el paso de la teta que alimenta a la teta con la que se juega, e instalar un deseo de jugar con otra cosa que vaya más allá del pecho. Muchas veces vemos a los bebés soltar el pezón y girar la cabeza hacia un mundo lleno de sonidos y movimientos que lo atraen, manifestando ganas de otra cosa. A veces las madres logran reconocer este deseo, sobre todo cuando también hay algo más para ellas en este encuentro con otros. Otras veces será alguien del equipo quién señalará "parece que tu hijo/a siente curiosidad por saber lo que pasa allí", y sostendrá esta primera separación.

Es importante que el momento de la lactancia sea un encuentro entre mamás y bebés para que la madre pueda hablarle y ¡para que el bebé le hable a su pecho! Es hermoso ver cómo algunos bebes entablan grandes diálogos de balbuceos con su teta (que es de la mamá y de ellos también). Por lo tanto, la cuestión no es la lactancia sí o no, ni hasta qué edad, sino tener claro que el pecho materno es el primer lugar en que se descubre el juego, un juego en el que después ya no participa este, que se abre a nuevos mundos (mientras estos estén disponibles) y que facilita el primer gran hábito de la infancia, que es aprender a dormir solo.

Por otro lado, hoy en día es común que padres consulten o manifiesten su preocupación por niños de alrededor de cuatro años que ya dormían solos y, de repente, vuelven a pasarse con sus padres; o bien ya no tenían restricciones con la comida y empiezan a ponerse un poco tiquismiquis. Incluso puede ser que se hagan pis alguna que otra vez. Algunos padres lo viven con angustia, creen que es un retroceso, pero no lo es: es lo que podríamos llamar "la regresión de los cuatro años". Por ejemplo, si en adelante ya no duerme con los padres no es porque estos no quieran, sino porque sentirá vergüenza de que él sí y otros no y querrá ir a dormir a la casa de amigos; con la comida aparecerá el asco, etc., es decir, a veces es necesario volver un poco atrás para construir lo que se necesitará adelante: afectos como la vergüenza, el asco y la culpa, que regularán las relaciones interpersonales del niño de ahora en adelante. Para los padres esta es una etapa agotadora, pero es importante que se entienda no como un síntoma del niño, sino como una antesala para que el niño revise su dependencia y forme sus primeros deseos en sentido estricto. Esta regresión es el camino hacia apropiarse del deseo y no es un retroceso, ya que demuestra que el crecimiento de un niño no es lineal ni adaptativo. Además, si angustia es porque el hijo se está empezando a separar de nosotros. El consuelo es equitativo: lo que se pierde en dependencia se gana en deseo.

Los padres les hacen un flaco favor a los hijos cuando arreglan el mundo para evitar las frustraciones por las que el niño tiene que transitar para encontrarse con la originalidad de su deseo. Creemos que esta es una gran idea, lo que no significa que no sea difícil acompañar a los hijos en las etapas donde parecen retroceder.

Nos parece también importante detenernos a pensar cuáles son las condiciones sociales que deben darse para que una madre o un padre puedan sostener a su hijo o hija en estos momentos que hemos descrito: el destete o las regresiones a la dependencia temprana (es decir, las primeras separaciones) sin angustiarse demasiado. No existe mejor ansiolítico (para niños y adultos) que el sostén de otro, de un encuentro. El aislamiento en que padres y madres viven la crianza durante los primeros años termina por despojarlos de palabras, ¿para qué hablar si no hay otro? Los gestos, circuitos y movimientos de los niños y niñas precisan ser acompañados por las palabras de quienes los cuidan, estas marcan un ritmo para posibilitar el paso de lo íntimo a lo público que implica crecer, y ahí, en este otro mundo que se abre al atravesar las dificultades, permitir al niño encontrar parte del propio deseo.

6

¿QUÉ HACER CON EL MIEDO A LA MUERTE?

El miedo a la muerte es uno de los temores más arraigados en los seres humanos, a pesar de que podemos tolerar la vida solo porque tenemos la certeza de nuestra muerte. Vivimos como si no desconociéramos nuestro inexorable final, porque ¿quién quisiera morir? En efecto, hay algo tan inexplicable en el hecho de que alguien pueda quitarse la vida que cuando nos enteramos de la noticia lo primero que nos preguntamos es: "¿Qué pasó? ¿Cuál fue el motivo?", en busca de una explicación. Como si la conclusión de una vida tuviera que tener una causa suficiente. De otra manera, el hecho nos recuerda lo frágil de la vida y, entonces, a pesar de que lo sabemos, tenemos miedo a nuestra propia muerte.

Nadie quiere morir. Sin embargo, hay situaciones en las que se lleva con más dignidad la posibilidad de la muerte. Expliquémonos mejor: no es lo mismo saber que un día la vida concluirá, que vivir con miedo a morir. Es cierto que muchas veces ese saber no es creído, porque actuamos como el fumador que sabe que fumar hace daño pero aun así... no lo cree. Este es un dato fundamental, que comprobamos de manera permanente en la práctica del psicoanálisis: que no alcanza con saber algo para tomarlo por cierto.

Por otro lado, en la práctica del psicoanálisis se advierte también que cuando una persona vive con plenitud, el miedo a la muerte no está tan presente. Dicho de otra forma, en cierta medida, el temor a morir se incrementa con los deseos no realizados, aquellos que dejamos irresueltos (sea porque los postergamos o bien porque no nos decidimos a dejarlos en el camino), mientras que una vida que no arrastra demasiadas cuentas pendientes está menos abrumada por todas aquellas cosas que podrían haber sido y no fueron, lo que pudo ser y –por cobardía, timidez o prurito moral– quedó a medio hacer o, directamente, se truncó desde su inicio. En última instancia, el miedo a la muerte retoma esa posibilidad cierta –que es que vamos a morir–, pero se nutre de todas esas posibilidades fantasiosas a que seguimos aferrados. Como alguna vez escribió en un poema Silvina Ocampo, el miedo a morir es para aquellos "abandonados que prefieren / morir por no sufrir, y que no mueren".

Otra forma de expresarlo sería decir que el miedo a morir es, entonces, un temor al fin de la experiencia. Porque ya no habría oportunidad de actualizar ciertas posibilidades. La muerte sería la efectividad plena, aquella que decide el sentido de una vida.

Otra situación que aparece en la clínica es el temor a morir de padres y madres. Si hay algo que se inaugura con la paternidad es el miedo. Miedo durante el embarazo por no saber qué pasará, miedo durante la crianza por si le sucede algo a nuestro hijo, a ser mala madre/padre. Y por supuesto, el miedo a morir y no estar para nuestros hijos. No es miedo a la muerte ni al dolor, sino a dejar a sus hijos solos. Una madre comentaba una vez: "No me da miedo la muerte ni el dolor, me da miedo morirme y no estar para mis hijos. Antes de ser mamá, jamás pensé en mi muerte y ahora me aterra". Como si para que un niño esté bien, bastara asegurar la presencia de sus padres.

Sin embargo, en estas consideraciones parece que estamos diciendo algo que vale principalmente para el mundo de los adultos. Preguntémonos más bien, ¿cómo se relacionan los niños con la muerte? En principio, cabría decir que antes que un temor, la muerte aparece con cierta indiferencia, sobre todo en niños menores de dos años que, a pesar desconocer el concepto de muerte, pueden perfectamente distinguir la ausencia. Por ejemplo, es común que los padres consulten porque un familiar o ser querido cercano a la familia está a punto de fallecer y ellos temen que esto sea traumático para el niño. No obstante, ocurre el incidente y, la mayoría de las veces, no sucede nada. Se lo comunican y nada. Quizá el niño se siente mal porque ve mal a sus padres, pero eso no quiere decir que esa pérdida haya sido dolorosa como tal. Eventualmente puede ocurrir que un cambio de escuela sea más traumático para un niño que la muerte de un tío o una abuelita (¡a pesar de todo lo que las abuelas hacen por los nietos!).

Cerca de los tres años, los niños toman conciencia de la muerte, pero se entiende como reversible, similar a un largo sueño. Esta conciencia de la muerte, antes que por la vía del temor, es a través de la curiosidad y, por cierto, desde pequeños los niños nos preguntan por la muerte. En este punto, cabe destacar que a veces los padres queremos responder de manera honesta, pero confundimos decir la verdad con responder a lo que los inquieta. Para un niño, la muerte no es el fin de la existencia; por lo general, es otro lugar, por eso suelen preguntar "¿Y ahora dónde está? ¿Dónde se fue?". Y aquí vienen las confusiones: quienes no son creyentes, no quieren decir "al cielo", pero olvidan que ese otro lugar también puede ser el río en que descansan las cenizas de un ser querido. Creemos a veces que la verdad es que después de la muerte no hay nada y tampoco eso es verdad. Después de una muerte, el mundo sigue estando ahí, y los niños parecen saberlo, perpetuando la relación con sus muertos a través de cartas, rezos y conversaciones. A través de la pregunta por la muerte el niño empieza a darse cuenta de la pérdida, pero no de la vida.

Cerca de los cinco años, un niño ya es capaz de identificar la muerte como un hecho irreversible, pero no necesariamente universal. La muerte es entonces un castigo que atrapa y, frente a eso, su pregunta es acerca de si lo vamos a proteger. Niño es todo aquel que no puede vivir sin que otro lo proteja y, como nos gustaría decir, tiene derecho a ser protegido. Por eso, cuando un niño pregunta por la muerte y en particular si le puede pasar a él, en lugar de decirle que "todos vamos a morir algún día", recomendamos responderle que no le va a pasar nada, que sus padres estarán ahí para protegerlo. No es un tema metafísico el que inquieta al niño, sino ético. Además, si pregunta si a los padres puede pasarle algo, también sugerimos responder que siempre habrá alguien para cuidarlo cuando lo necesite.

Esto, quizá, también sirva como ansiolítico frente a la angustia por la propia muerte de algunos padres: nuestros hijos no dependen exclusivamente de nosotros y no solo nosotros podemos protegerlos. Uno no puede garantizar la propia vida cuando es adulto, pero tampoco es eso lo que pregunta un niño. La mejor respuesta, la más verdadera, es: "Nunca estarás solo".

TERCERA PARTE

LAS PREGUNTAS
DE HOY

7

LOS ABUELOS YA NO (MAL)CRÍAN
A NUESTROS HIJOS

Lo más inevitable y lo que más hay que tratar de evitar en la crianza de niños es querer reparar en el hijo al niño que fuimos; es decir, ser el padre o madre que nos hubiera gustado tener.

Esta actitud lleva a criar desde la culpa, porque este afecto es el que aparece cuando no cumplimos con esa actitud reparatoria. Por ejemplo, quien añoró mucho a su padre, busca ser un padre presente; pero así no hace más que condenarse a la culpa cada vez que quiere alejarse un poquito y, por lo tanto, no puede dar más que presencia, está sin estar. Y dar solo presencia, en definitiva, es poco. Es una falsa reparación, que se comprueba en que –según el ejemplo mencionado– no puede irse sin sentir que abandona, sin identificarse a ese padre o madre que lo dañó. El resultado es lapidario: se puede ser un padre (o madre) abandonador incluso siendo el más presente de los padres (o madres).

Este tipo de circunstancias demuestran una clave de nuestra época, que para los padres de esta generación (quienes hoy tienen entre veinticinco y cuarenta y cinco años) el mayor de los desafíos está en criar hijos sin haber elaborado aspectos básicos de la posición infantil que implica, en principio, ser hijo. Es decir, intentamos criar hijos, pero seguimos en posición de hijos. Esto se corrobora en el reproche que a veces dirigen los padres a sus propios padres, porque no los acompañan en la crianza, o por estar demasiado involucrados.

Son muchos los abuelos y, sobre todo abuelas, que en nuestro país asumen las funciones parentales más allá de si viven con sus nietos o no. La incorporación de la mujer al mercado laboral sin que se hayan creado las condiciones sociales de un cuidado compartido entre los padres o bien una infraestructura social para el cuidado de los hijos, ha traído como consecuencia que, mientras las madres trabajan, los hijos son criados por sus abuelas, sin posibilidad de ser malcriados por ellas.

No obstante, los cambios en la época también incumben a la "abuelidad", dado que quienes hoy tienen más de sesenta años ya no son esos viejecitos a la espera de nada mejor que pasar una tarde con sus nietos; se trata más bien de hombres y mujeres aún activos que no solo muchas veces trabajan, sino que también van al gimnasio, salen a pasear con amigos y prefieren muchas otras cosas antes que pasar tiempo con sus nietos. No solo esto es una consecuencia de la revolución feminista –que conmovió también la imagen de la "abuelita abnegada"–, sino que el abuelo varón que reparaba con sus nietos la ausencia en la infancia de sus hijos (por ejemplo, al asistir a los actos de la escuela de los hijos de sus hijos, mientras que no fue a ninguno de los de estos últimos) también es una figura del pasado.

Estas circunstancias generan un clima particular para la crianza hoy en día y esto es algo que se comprueba particularmente cuando hablamos de la cuestión de los límites.

Pensar los límites en la infancia implica un entramado vincular. Por ejemplo, para la generación precedente era posible que los padres fueran severos, porque se incluían las diversas transgresiones basadas en la complicidad con los abuelos. Hoy en día, los padres no pueden ser severos siquiera, impotentes ante niños que piensan como ingobernables, a la espera muchas veces de que sean sus propios padres (los abuelos) quienes intervengan. Los padres de hoy en día parecen estar acorralados por dos frentes: por un lado, quieren ser mejores que sus padres; por otro lado, esperan que estos últimos sigan siendo los padres, pues no han abandonado su posición de hijos. Así es que, para el caso, se entiende cómo a veces los padres retan a sus propios padres respecto de cómo estar con sus hijos –sin dejarlos ser abuelos del modo en que les dé la gana.

De este modo, los padres terminan reprochando y retando a sus propios padres, con las más diversas dificultades para poner límites a sus hijos. Ahora bien, en este punto es importante destacar que es posible retar a un niño de dos maneras: por lo que hizo, es decir, a partir del efecto; o bien desde la causa, apuntando a su ser y, por ejemplo, decirle que es "caprichoso" o "rebelde" (y cosas peores). En este último caso se lo culpabiliza, culpa que, en realidad, es una proyección de la impotencia de quien lo reta (y que, entonces, piensa, "Lo hace a propósito"). Esta impotencia proyectada encubre la culpa inconsciente que siente quien lo reta, porque sin duda los niños tocan los puntos sensibles de sus padres, aspectos no elaborados. Expliquémoslo mejor.

En los talleres con padres, una pregunta constante es cómo poner límites. En particular, no nos gusta la expresión "poner límites"; sí creemos que a los niños es preciso reprenderlos, pero lo importante es cómo hacerlo y, sobre todo, cómo no hacerlo. Esto no es para empezar con toda esa jerga (auto)complaciente de "retarlos con amor" y demás. En lo que tiene que ver con cómo no hacerlo hay dos cuestiones básicas: por un lado, nunca hay que retar a un niño preguntándole por qué hizo lo que hizo, no solo porque es culpabilizante, como ya dijimos, sino porque así se olvida que para los niños el pasado no existe como tal, entonces solo podrán responder "No sé, no sé" o bien adaptarse a lo que esperamos que digan; por eso, si no queremos que un niño se suba a una silla, no tiene sentido preguntarle por qué se subió cuando se cayó, sino que es mejor decirle que no se suba en una próxima ocasión (nunca decirle "Has visto que te has caído como te dije" y esas cosas) y, es más, mucho mejor decirle que esa silla no es para los niños (generalizar).

Por otro lado, preguntarle por qué hizo lo que hizo, además de culpabilizar, supone una idea de acto que es ajena a la infancia: un niño reconoce series causales entre fenómenos físicos (si golpeó un cochecito con un martillo, se rompe), pero no la imputación subjetiva (si lo golpeo, lo rompo; por eso suelen decir "se rompió" y no es que se hagan los tontos). Lo que termina pasando cuando para retar a un niño menor de seis años le pedimos explicaciones por una acción ya ocurrida, es que no solo suponemos una madurez ética que un niño aún no tiene (como para pensar y vivir interpelados por la idea de responsabilidad; hay quienes nunca maduran en este sentido), sino que le inducimos una culpa proporcional a nuestra impotencia para prever o anticipar un suceso. Los retos y castigos deben estar ahí para poner un límite a la culpa que el niño siente, no para provocarla.

Para ejemplificar esta situación, quisiéramos recordar una anécdota. Hoy en día es frecuente que a la hora de salir, los padres busquen lugares "aptos" para niños (con juegos, por ejemplo). Entre ellos, los parques de diversiones son el infierno. Son la venganza del capitalismo para los padres que no pueden hacer que los niños jueguen en casa y, entonces, para que dejen de ver televisión, los llevan a ese espacio disciplinario para que corran salvajemente. Los parques de diversiones son un castigo para los padres que necesitan descansar un poco, pero van a un recinto en el que niños desbordados cantan su grito de guerra. Hace poco, en un parque un padre le decía a su hijo desaforado, en pleno berrinche, que si seguía haciendo ese escándalo le iba a decir al abuelo que lo rete. Después de que el niño se fue, nos animamos a hablarle: "¿Por qué no lo retas tú directamente?", "Sí, yo le digo que me voy a enojar...", "Pero ¿te enojas?". Después le preguntamos: "¿Cómo piensas que te va a escuchar si la autoridad se la das a otro?". Es que a él le daba cosa sentirse enojado con su hijo, se siente culpable, pero ¿cuál es el coste de reprimir ese enojo o reprocharse ser un mal padre, que no cumple con el ideal de padre comprensivo y tolerante? Por ideales como este, el capitalismo nos vende parques de diversiones, centros de arte para niños, clases de cualquier cosa y demás servicios que, a pesar de todas las justificaciones, intercambian el lugar del niño con el del consumidor. Efectos de la destitución parental.

8

CUANDO LOS
HIJOS CRECEN

Tener una caja de fotos viejas en las que podamos sumergirnos a recordar es un lujo escaso hoy en día. La digitalización de la fotografía y las redes sociales nos ponen los recuerdos en nuestro día a día sin que ni siquiera los tengamos que buscar. Vivimos de acuerdo con una imposición a no olvidar, a recordar cada segundo que el tiempo pasa. Sin embargo, ¿es lo mismo no olvidar que recordar?

En sentido estricto, el recuerdo implica el olvido y, en particular, la diferencia temporal (el tiempo diferido) entre un suceso y su recuperación por la memoria. Los niños lo muestran de la manera más flagrante, cuando recuerdan episodios que nosotros creíamos habían olvidado y, a veces, lo hacen de manera extemporánea ("¿Te acuerdas cuando fuimos a la playa?" dice, por ejemplo, un niño mientras camina por el mercado en agosto y nada permite prever que ese recuerdo podría llegar). La memoria es una función infantil, como también lo demostró Marcel Proust en el célebre episodio inicial de *En busca del tiempo perdido* cuando al mojar una magdalena en el té viaja a sus años mozos junto a su abuela en Combray. La memoria no es voluntaria ni racional, quizá sea la función psíquica que mejor nos ancla en el tiempo fundacional de la infancia, lleno de sensaciones y emoción.

"Hoy tienes recuerdos que rememorar", dicen las redes sociales, que confunden el viaje al pasado del recuerdo con el presente continuo de la vida cotidiana de nuestra época, en la que nada puede perderse (en la que no hay tiempo diferido) y todo ocurre en tiempo real. Y ahí aparecen los recuerdos de los hijos e hijas que hoy van al colegio, leen y escriben, que ya no nos necesitan constantemente, que prefieren sus amigos o su teléfono a pasar el tiempo con nosotros y, en las imágenes de la pantalla, los registros de su aprender a caminar, de su primera comida, de esa siesta de domingo que dormimos abrazados. Parece que fue ayer, pero es hoy, y el pensamiento es inevitable: "¡Qué rápido pasa el tiempo!". Ayer nomás nuestros hijos eran esos pequeños que llegaron a importunar nuestra vida; entonces, surgen los comentarios en la foto que muestra la red social: "¡Qué pena que crezcan! ¿Por qué no se quedan así?". Incluso puede ser que pensemos que, para nosotros, siempre serán esos bebés que tuvimos en brazos.

Es el pesar por el crecimiento de los hijos. ¿Por qué razones será que los padres, en algunas ocasiones, vivimos con miedo y pesar el crecimiento de los hijos? Por cierto, nuestros hijos fueron el principal motor para nuestro crecimiento. Esta es una buena idea: ¿para qué sirve un hijo? Para crecer. Porque nadie está preparado para ser madre o padre antes del nacimiento de un hijo. A la inmadurez con que nace un niño, para el cual es fundamental ser cuidado por otro, se añade algo que no se debe olvidar: también es inmaduro el ser que lo recibe. Los padres no sabemos cómo ser padres, eso es algo que nos enseñan nuestros hijos. Por lo tanto, insiste la pregunta: ¿por qué nos da miedo que los hijos crezcan? Incluso cuando también sabemos, como dice la canción de Gustavo Cerati, que "poder decir 'Adiós', es crecer".

A veces el temor a que el niño crezca es el miedo a encontrarnos sin los recursos para actuar "adecuadamente" ante lo que sigue. En este punto, cabe hacer una doble diferenciación: por un lado, como padres siempre tenemos un horizonte con una imagen de niño que oficia de límite para el crecimiento de un hijo. Esto es algo que se nota especialmente en momentos de crisis, cuando el niño rompe con esa imagen ideal y surge la angustia en los padres. En particular, esto se nota en la prepubertad, cuando el niño comienza a anticiparse a la juventud y, quizá, lo padres aún lo ven como un niño tierno. Por otro lado, también cabe tener presente que, en términos generales, no hay manera de filiar a un niño (es decir, darle lugar de hijo) si no es a través de la fantasía de que algo pueda ocurrirle; esta fantasía, que pone en juego la posibilidad de perderlo, es particular notoria en los primeros meses después del nacimiento cuando, eventualmente, una madre tiene temor de quedarse sola con el niño, o bien cuando el padre por la noche se acerca a la cama para sentir si respira. Son hecho normales, no deben ser patologizados, que evidencian como el lugar de hijo se construye simbólicamente.

Ahora bien, el miedo a no saber cuidarlos, a que les pase algo, a darles demasiada o muy poca libertad, a "echarlos a perder", o bien, a que nos pasen la cuenta por nuestros errores, son motivos fundamentales que agregan matices suplementarios. Lo que ocurre muy a menudo es que, frente a aquella expectativa por lo que ocurrirá más adelante, los padres, inconscientemente, dejan de facilitar las condiciones para el crecimiento de su hijo. Dicho de otra manera, el miedo inconsciente a no ser capaces como padres, puede terminar poniendo en jaque las capacidades del niño en la medida en que no se le facilitan las condiciones para su búsqueda por desenvolverse en nuevos entornos, de forma cada vez más independiente.

Por ejemplo, preferimos hacer las cosas por ellos para que no se manchen, para que sea más rápido, porque "no está listo aún".

Que no se vaya lejos ("¡Donde mis ojos te vean!"). Una madre señalaba "desde que va a la guardería, habla con palabras que yo no le he enseñado". ¿A qué nos enfrentan estas escenas?

En su libro *Madres, un ensayo sobre el amor y la crueldad*, Jacqueline Rose escribe que Madre es aquel lugar en el que se han depositado todas las culpas, porque cuando eres responsable de un hijo (los padres también) –y al ser los padres "humanos" (¡qué novedad!, ¡qué alivio!) con defectos y necesidades– es inevitable equivocarse. Esta inevitabilidad del fracaso es tanto una crisis para la parentalidad contemporánea como un nudo psíquico en el corazón de la vida: no podemos atravesarlo, solo imaginando el problema con algo de simpatía podremos vivir con él.

No podemos corregir el mundo para que nuestros hijos no sufran al internarse en él, pero sí podemos acompañar a nuestros hijos para que, de alguna manera, quieran ser parte de este mundo. Parte de ese acompañamiento pasa por no angustiarse frente a sus decepciones, ¡incluso si se decepcionan de nosotros!

Otro miedo común de los padres es a quedarse solos si el niño crece, o la vivencia de vacío ante la autonomía del hijo. Una madre señalaba en cierta ocasión que cuando dejó de amamantar al hijo mayor, no sabía qué hacer con su tiempo, por lo que quería alargar lo más posible la lactancia de su hija menor. Si bien para todo padre un hijo es, de alguna manera, un proyecto de vida, las mujeres de los sectores más vulnerados (pero también para los sectores aristocráticos) que han visto sus proyectos vitales reducidos en sus posibilidades por las inequidades propias del sistema de género, social y político –sumado a la soledad en que se vive el tiempo de la crianza hoy–, muchas veces hacen de sus hijos el eje central de su identidad. Cuando para una persona, el ser madre o padre se convierte en el único lugar susceptible de un cierto reconocimiento social, la separación que supone el crecimiento de un niño puede resultar angustiosa y puede ser vivida como una pérdida irremediable. Esto marca también el proceso de crecimiento de esos niños.

De un modo u otro, lo cierto es que nos cuesta que los niños crezcan. Y, por cierto, cuando un niño atraviesa un conflicto, lo principal que debemos preguntarnos es si cuenta con los recursos para atravesarlo, es decir, si está creciendo. Porque eso es lo que permite diferenciar entre una enfermedad y un simple momento de crisis evolutiva. El niño que crece, entonces, angustia a los padres. La cuestión es qué hacemos los padres con la angustia que nos produce el crecimiento de nuestros hijos, a sabiendas de que por motivos personales (e inconscientes) no toleramos del todo ese crecimiento. Quizá otra explicación para esto sea advertir que suponemos el crecimiento como una separación. Incluso a veces se plantea de ese modo, cuando se cree que un niño para diferenciarse de sus padres necesita separarse de ellos. Por ejemplo, a veces se dice que tras la experiencia de amamantamiento, el niño debe hacer un corte en la relación con la madre. Sin embargo, esta relación es absoluta, jamás habrá forma de separarse de la madre cuando esta haya sido interiorizada. En todo caso, la experiencia del destete supone que esa célula elemental que componen madre e hijo, esa interioridad perfecta, permita encontrar un afuera. Este es un descubrimiento fundamental del psicoanálisis: que el afuera no es lo opuesto del adentro, sino que solo hay exterior una vez que se produjo una interiorización suficiente. Expliquémoslo mejor: ¿no ha notado cómo una madre que amamanta, sin que ningún signo exterior lo indique, puede "presentir" que su hijo en cualquier momento se despertará y querrá comer? Y, minutos después, ¡sucede! No es magia ni telepatía, o quizá sea lo mágico de la relación de complicidad entre madre e hijo, que a veces se parece a la telepatía, a la comunicación directa entre pensamientos que, con el tiempo, lleva a la creencia infantil de que los padres lo saben todo. Esa complicidad conseguida (y es esperable que ocurra) será el trasfondo sobre el cual la vida social vendrá a desarrollarse como su suelo más firme.

Por eso, de regreso al comienzo, frente a un mundo que cada vez más nos ofrece la posibilidad de que nada se pierda, de vivir en un presente continuo, hay que apostar por el olvido, por que el tiempo produzca sus efectos, porque –como dice la canción de ese niño grande especialista en psicoanálisis que es Jorge Drexler– "uno solo conserva lo que no amarra". Lo que fue interiorizado se lleva en el corazón y no puede perderse. Es lo que demuestra también la sabiduría de la lengua francesa, según la cual la memoria implica hacer pasar las cosas por el corazón. No hay que tener miedo de que los hijos crezcan, porque cuando hay crecimiento "nada se pierde, todo se transforma".

9

CAMAS COLONIZADAS

Dormir no es algo sencillo. Benditos sean los animales, que pueden pasar buena parte de su vida echados, descansando, mientras que para los seres humanos dormir puede ser una pesadilla. Estadísticas recientes muestran que una parte importante de la población mundial tiene trastornos del sueño, y cada vez más personas no se van a la cama sin tomar alguna medicación. El insomnio es uno de los síntomas más graves de las sociedades contemporáneas.

En términos generales podríamos creer que dormir es un acto espontáneo, que alcanza con estar cansado; sin embargo, muchas veces ocurre que a mayor cansancio menos capacidad de dormir. Porque dormir es un trabajo mental, requiere un esfuerzo, no es una actividad que se pueda equiparar a desconectar una máquina. Dormir es una tarea que debe aprenderse desde muy pequeños.

No obstante, ¡cada vez nos encontramos con más niños con dificultades para dormir! Esta sí es una novedad: que cada vez más los padres consulten a un profesional porque su hijo no se duerme, lo hace interrumpidamente o bien porque solo puede dormir de una manera limitada (con uno de ellos, con ambos, en la cama familiar, etc.).

En nuestro trabajo es común encontrarnos con niños y niñas que por diversos motivos han "colonizado" la cama parental: niños que siguen durmiendo con sus padres a pesar de haberse destetado hace ya tiempo, que hacen de la cama de la pareja su lugar favorito.

En un escenario nos encontramos muchas veces con que no están dadas las condiciones físicas para que los niños puedan salir de la cama de los padres: son familias de las comunas más vulneradas, que viven hacinadas y donde el conflicto es principalmente político. Sin embargo, la escena parece repetirse en los sectores privilegiados, donde probablemente lo que se juega es el deseo de esos padres y de esos niños, en un cruce con los "discursos actuales".

Los "discursos actuales" de la llamada "crianza respetuosa" apoyan la creencia de la crianza con apego, como si fuera viable criar sin apego. La crianza puede ser más o menos funcional, pero no hay crianza sin apego. Lo que sí existe son las versiones particulares de lo que es, o de lo que creen debería ser, el apego para cada padre, para cada madre, para cada cuidador/a y para cada hijo/a. Un tema que nos preocupa es que en nombre de la crianza respetuosa se exige a los padres (sobre todo a las madres) que neutralicen los sentimientos hostiles que puedan tener hacia sus hijos, y el imperativo es el "sin límites" que lleva a que frustrar a un hijo genere mucha culpa. Con la idea de que habría que darle a un niño lo que "necesita", se proyectan en él ansiedades y angustias parentales, el temor de hacer algo que lo dañe, ¡como si fuera posible evitarlo!

Es un ideal problemático el que pretende absolver a un niño de frustraciones. No son los padres quienes frustran, sino que la realidad por sí misma es frustrante. Nuestra función como padres es tratar de enseñar a que desde temprano nuestros hijos puedan lidiar con ese aspecto de la vida de un modo que no sea evasivo.

"Nada ni nadie puede impedir que sufran", cantaba Joan Manuel Serrat, dando en el blanco de la cuestión: debemos criar sin olvidar transmitir herramientas y haciéndonos cargo del dolor y la culpa que nos genera que nuestros hijos sufran. Evitarles el sufrimiento no haría más que producir un daño mayor, solo por un interés egoísta y personal (el nuestro).

Por eso nos parece importante recuperar una idea del psicoanálisis para acompañar la crianza: que todo amor contiene una parte de hostilidad; asimismo, que para poder establecer una relación parental, es necesario que el padre y la madre puedan vivir esta relación con placer y no como un deber. No hay que tratar de ser "buenos" padres, sino conocer las angustias profundas que implica la relación con un hijo y hacer, como dice la frase popular, "de tripas corazón" (o "del defecto virtud"). De esta manera, los límites no serían reglas abstractas dictadas por un manual, sino deseos singulares en el marco de un vínculo que, como todo vínculo, reconoce conflictos que, al ser atravesados, permiten madurar. Así no solo crecen los hijos, sino nosotros como padres al acompañarlos.

Entender los límites como barreras u obstáculos caprichosos impuestos por la cultura les quita su valor de herramienta. Los límites son condición necesaria para entender que hay que realizar renuncias, posponer la satisfacción del deseo propio en pos de rodeos que implican la relación con los demás. Y esto vale tanto para padres como para hijos, ya que en muchas ocasiones la colonización de la cama parental puede ser también un efecto del deseo de alguno de los padres o de la pareja.

Dormir es un hábito que necesita ser aprendido. La primera cama de un niño son los brazos de sus padres. Ahí es donde encuentra su primer "lugar en el mundo", y al cabo de poco se traslada a un espacio diferente: la cama de los padres u otros cuidadores, la cuna, la cama propia, la habitación próxima, etc. De esta manera, se construye un espacio que progresivamente va a ampliándose hasta ocupar el mundo en su conjunto. Esto no quiere decir que un niño nunca deba dormir con sus padres, ya que la diferenciación es progresiva. Expliquémonos mejor: un niño no crece como una planta, a la que se riega y desarrolla sus partes; un niño crece a través de un proceso que realiza progresiones y regresiones y, en este sentido, es posible que en ciertos momentos especiales un niño requiera volver a cama de sus padres durante un tiempo antes de volver a dar un nuevo paso hacia delante. Lo que siempre debe quedar claro es que se trata de un momento transitorio.

Asimismo, es posible que en la cama del niño los padres se acostumbren a dormir junto a él, sin tener en cuenta la satisfacción que ofrece el contacto corporal con otro. Si, como dijimos, la primera cama de un niño son los brazos de los padres, hermosa fuente de mimos y caricias, es importante que progresivamente esta función la pasen a ocupar las sábanas, un muñeco, la noche misma cuando puede ser envolvente y no amenazante. ¿No ocurre que hay personas que incluso en las noches de calor necesitan taparse para dormir? He aquí cómo a pesar de los años, hay pequeños rasgos infantiles que pueden durar toda la vida.

Lo más significativo que quisiéramos transmitir es que en lugar de indicar si un niño tiene que dormir con sus padres o no, decisión singular de cada familia, lo fundamental es que los padres conozcan de qué proceso se trata en un acto que parece trivial. Por ejemplo, es un problema que hoy en día muchos niños no puedan aprender a dormirse y, para el caso, miren la televisión hasta caer rendidos. Enseñar a dormir es una forma de transmitir confianza, ya que al dormir nos "entregamos" al sueño, a un acto que no controlamos de manera consciente. Algo semejante a lo dicho con anterioridad respecto de quienes necesitan cubrirse para dormir, podría decirse respecto de quienes no pueden descansar en una casa si están solos, o bien necesitan tener luces encendidas. En estos síntomas, que tienen una clara raíz infantil, se verifican trastornos del sueño que pueden durar toda la vida. Mientras son pequeños, y están conquistando este aprendizaje, es habitual que los niños requieran de un objeto (un peluche, un objeto de apego, etc.) o un acto (tomar la oreja, pellizcar un poquito la piel de la mamá o el papá, o tomarlo/a de la mano) para irse a dormir. Son estos verdaderos actos de control ante la retirada del otro, de quien depende la identidad de un niño y que es fuente de su calma, puesto que lo que se pone en cuestión en el momento de dormir es la separación del niño con sus cuidadores, y la función de cuidado implica poder calmar y acompañar el paso de abandonar la vida diurna al dormir.

Por lo tanto, no vamos a cuestionar a quienes prefieren dormir junto con sus hijos, pero sí queremos destacar que aprender a dormir solo es un gran crecimiento para todo niño. Lo que debe tenerse presente siempre es que el colecho no sea un obstáculo para esta importante adquisición. Por eso elegimos la imagen del "colono" para el título de este artículo, es decir, la de quien no es nativo de un territorio, para subrayar que duerma o no en la cama con sus padres, lo cierto es que esta cama parental nunca será la cama del niño. Confiamos en que los padres puedan ayudar a sus hijos a encontrar su propio lugar para dormir.

CUARTA PARTE

LAS CONSULTAS
DE LOS PADRES

LA MADRE
DE LAS ANGUSTIAS

Nos escribe Vanesa (treinta y nueve años): "Hola, Luciano, ¿cómo estás? Tengo una hija muy pequeña y tengo miedo de repetir con ella la relación con mi mamá, que no fue muy buena. Todavía no lo es. De hecho, tenemos muchas discusiones sobre cómo criar a mi hija. Mejor dicho, ella cree que puede meterse y darme consejos y sugerencias que no le pido. Me preocupa no tener resuelto este vínculo por el impacto que puede tener en mi propia maternidad. Es un tema que me angustia".

Querida Vanesa, muchas gracias por tu mensaje. Para responderte, quisiera empezar por lo último que mencionas. Te diría dos cosas: por un lado, si te preocupa no tener resuelto un vínculo es porque ya estás en camino de resolverlo. La preocupación trabaja por sí misma, más allá de nuestra intención y evidencia una conexión con el tema que, a su modo, produce efectos.

Por otro lado, la angustia. ¿Hay alguna madre que no se angustie? Eso quiere decir que ya estás posicionada como madre y no solo como hija. En todo caso, la cuestión es cómo se solapan los roles de hija y madre en una misma mujer. Ahí es que se formula tu pregunta. Por suerte, como dije, con la angustia como telón de fondo. Aunque parezca lo contrario, es este afecto el que ya te protege de cualquier impacto negativo.

Trataré de ser más explícito. A propósito de la relación con tu mamá, nombras bien un rasgo que –te diría– no solo caracteriza a tu madre, sino a la maternidad misma, más allá de la persona que se ocupe de la crianza. Me refiero a cierta intrusividad, a disponer del hijo como si fuera una extensión de su cuerpo. Esa intrusión se puede dar con actos, pero también con palabras, como refieres al relatar que tu madre se mete...

Lo de consejos y demás sugerencias es secundario respecto de este aspecto que destacas al decir que tu madre se mete y, podríamos decir, entra en ti de un modo en que sientes que no te respeta. Para no culpabilizar a nadie en particular, sobre todo a las mujeres que tienen que encarnar el rol materno con más o menos dificultades, diré que esta intrusión corresponde al discurso materno más que a la madre.

Ahora, entonces, podemos plantear la pregunta que nos concierne: ¿de qué modo es que una madre puede separarse del discurso materno? Porque si una mujer se identifica de manera absoluta con el rol que le toca encarnar, puede ser arrasadora. Incluso con las mejores de las intenciones; aunque no olvidemos el refrán popular: el camino al infierno está empedrado de acciones hechas por el bien de los demás.

Aquí viene la angustia en auxilio. Lejos de ser un afecto de tristeza o depresivo, la angustia nos permite tomar distancia e interrogarnos en lo más íntimo de nuestro ser. Ya no está claro por qué hacemos lo que hacemos y quizá tengamos que aceptar la necesidad de darle una vuelta más o rectificar el modo de ver las cosas que considerábamos que era obvio. Qué valientes son las personas capaces de angustiarse.

En este punto, querida Vanesa, puedo decirte que no es necesario que resuelvas la relación con tu madre para, luego, no repetir un aspecto de ese vínculo en la relación con tu hija. Todo ocurre en el mismo nivel, gracias a la angustia. Mientras procures no ser intrusiva en la relación con tu hija, resolverás la relación con tu madre a partir de la reparación.

Confío en que, en la medida en que puedas sentir los efectos de esa reparación, a través de desactivar progresivamente la eficacia del discurso materno en la relación con tu hija –para darle lugar a su autonomía–, el modo en que tu madre te habla y el peso particular que tiene su voz, ya sea para irritarte, enfurecerte u otras defensas comunes ante la pérdida de límites en la propia identidad, va a ir cediendo y la vas a poder escuchar con una distancia mayor.

Querida Vanesa, el tema del linaje femenino es un tema amplísimo y sumamente difícil de esbozar en una breve carta como esta. Sin embargo, creo que hemos podido conversar acerca del factor determinante de la angustia, para no patologizarla y devolverle su valor, que puede ser creativo y constructivo.

MI HIJO ES UN TERREMOTO

Nos escribe Fernando (treinta y ocho años): "Hola, Luciano, te escribo por mi hijo de siete años, por el que estoy muy preocupado, porque se mete en una detrás de otra. Con mi mujer ya no sabemos cómo retarlo. Y yo a veces hasta tengo miedo de que se me vaya la mano. Te juro que me cuesta mucho controlarme. Pero es muy desafiante y agresivo, siempre hace una de más y cuando quieres ponerle límites redobla la apuesta. Te diría que es insoportable si no fuera porque es mi hijo. Es que por donde pasa produce un terremoto. La verdad es que muy difícil. Espero que puedas decirnos algo para ayudarnos".

Querido Fernando, muchas gracias por tu mensaje. Me va a costar decirte algo muy específico, porque es muy poco material el que tenemos; pero si me voy a animar a generalizar es para que la respuesta sea útil también para los demás.

Ante todo, entiendo la dificultad de que me hablas. Hasta hace un tiempo, en los libros y manuales de psicología se hablaba de un periodo entre los seis y los doce años, en que la infancia transcurría de un modo apacible... Esto ya no es así. Los niños de este siglo crecen de un modo distinto y esto se comprueba en lo que me cuentas.

En términos generales, podríamos decir que a estos niños se les hace más complicado quedarse quietos, controlar sus impulsos, bajar los humos y, por cierto, eso repercute en que sean fácilmente estigmatizados y generen rechazo a su alrededor. Esto último es algo que sientes y yo te agradezco que seas honesto y lo cuentes.

Te lo agradezco, querido Fernando, porque en la medida en que lo comentas tenemos la oportunidad de hacer algo. Un gran problema hoy en día en la relación entre padres e hijos es que cueste decir que un niño puede volverse insoportable; el caso es que esa sensación se reprime y se compensa reactivamente con un amor impostado, para esconder la culpa que produce sentir que se lo rechaza.

Ahora bien, este amor impostado no es más que la prolongación del rechazo con el que no se quiere saber nada y, créeme, nada bueno nace de un amor basado en la culpa. Cuando no se puede asumir el conflicto en la relación con un hijo, va todo "bien" (muchas comillas) hasta que de vez en cuando la cosa explota. Es lo que me cuentas de que te cuesta no controlarte y hasta tienes miedo de que se te vaya la mano.

Gracias por contar todo esto, Fernando, porque estoy seguro de que esta respuesta será la vía para que no ocurra ningún exabrupto. Y ahí sí, voy a circunscribir mi respuesta a lo que me importa concretamente de tu consulta. Dices que no sabes cómo enfrentar a tu hijo y, seguramente, tratas de que él entienda cuáles fueron las consecuencias de su acto.

El caso es que la posibilidad de que un niño sea consciente de sus acciones de acuerdo con la serie causa-efecto es tardía y, en esta clase de chicos, ocurre que, una vez dado el episodio, son capaces de pedir disculpas y, por lo tanto, todo da la impresión de que entienden, pero en verdad esa solicitud de perdón es para anular lo acontecido, no para asumirlo.

Me explico mejor. En este tipo de casos, es mucho más importante el trabajo a partir de la anticipación, mucho más que sobre lo que ya pasó, porque es irremediable. No conviene la pregunta que pide explicaciones (del estilo por qué hiciste tal o cual cosa), sino la orientación hacia futuras situaciones (esto ya está, ahora para la próxima). Porque sin darnos cuenta, por la impotencia que sentimos, los adultos podemos suponer que el niño es un sujeto moral que aún no es.

¿Y cuál sería el problema de esto último? Que le haremos sentir una culpa por la que no puede responder, salvo actuándola y generando nuevas situaciones, que a su vez entran en la serie complementaria con el rechazo que nosotros sentimos. Por lo tanto, tenemos un combo explosivo. Mejor frenar un poco antes y, en particular, desarticular también la sensación de que nuestro hijo es un incontrolable –sobre todo, creo que aquí juega también la comparación implícita que hacemos con nuestra infancia, cuando las cosas eran muy diferentes.

Es muy gráfica la imagen del terremoto. Reconozco que otros padres usan expresiones similares: tornado, huracán, tsunami. Las escuché reiteradas veces durante estos años, por eso me parece que vale la pena pensarlas. En principio, porque nombra un proceso natural, es decir, el niño se convierte en una fuerza impersonal y ajena cuyo estrago solo queda soportar. Es importante el modo en que hablamos, moldea cómo vivimos.

Para concluir, entonces, cuando estés a punto de perder el control y creas que tu hijo hace las cosas a propósito, te recomiendo que nunca te olvides de que se trata de un niño. Mira el tamaño de sus hombros y la longitud de sus piernas, date cuenta de que en su interior no cabe ninguna catástrofe. En todo caso, aceptar que los niños de hoy tienen otros tiempos y condiciones, ayudarlo a que regule anticipadamente las situaciones, incluso si a veces no lo consigue, es el camino. No solo para que él pueda vivir más tranquilo, sino para que el vínculo entre padre e hijo sea de amor cierto y profundo y no de culpa.

LOS TERRIBLES
DOS AÑOS

Nos escribe Triana (treinta y cinco años): "Hola, Luciano, te escribo por mi hijo. Hace unos meses cumplió dos y está tremendo. Le digo que hay que bañarse y la respuesta es no. Le digo que hay que ir para un lado y va para el otro. Su única respuesta es no, ¿está bien? ¿Hay algo que esté haciendo mal? En particular me preocupa porque lo tuve sola y me inquieta pensar que la nuestra no es una familia tradicional".

Querida Triana, ¡bienvenida a los terribles dos años! En efecto, tras la etapa dedicada a la lactancia, con el control de esfínteres viene una nueva situación. Por supuesto que esto no depende de la edad, sino de los movimientos psíquicos que el niño realiza, pero en términos generales podría decirse que, a medida que un pequeño se prepara para dejar el pañal, más obstinado se vuelve.

Quiero aclarar: obstinado no es caprichoso. Es desde la mirada adulta que varias veces consideramos como berrinche –como algo inmotivado que no debería ocurrir– lo que es un paso fundamental en el crecimiento. Con esta obstinación, el niño afirma su carácter y, por lo demás, se prepara para entregar su capacidad de renuncia. Este es un punto crucial de debate, una coordenada típica en el vínculo paternofilial.

Muchas veces, ante un niño obstinado, los padres optan por la negociación. Esto no es muy bueno, sobre todo cuando los padres cedemos en tener que ocupar el lugar de autoridad. Ocurre que los niños, en la medida en que afirman su carácter, precisan que del otro lado haya una oposición firme. "Firme" no es autoritaria, pero seamos claros: es tirar la toalla que ante el niño cedamos en nuestro rol de padres por no poder elevar la voz o sancionar que una situación es inadmisible.

Esta etapa es capital en la vida de un niño, porque aquí se juega la célula elemental de su aptitud moral. Podría decir que un niño se convierte en una persona con valores según el modo en que sus padres lo trataron en la etapa del control de esfínteres. Y no es casual que la sociedad contemporánea, con un nivel creciente de narcisismo, en la que nadie quiere perder nada y con problemas enormes para compartir, sea el reflejo de una crianza a la que le cuesta dejar los pañales.

Por otro lado, querida Triana, la etapa que se empieza a recorrer con los años es muy importante porque prepara para el complejo de Edipo, del que voy a decir algunas cuestiones a continuación.

Siempre me sorprende que colegas que hayan criado niños duden del Edipo. Si no los tienen, entiendo que les parezca un concepto y, edípicamente, lo discutan; pero la cercanía con niños pone de manifiesto de un modo constatable que estos tienen pasiones semejantes a las de los adultos –porque, en este punto, los adultos son niños grandes– respecto del amor y el odio. Además, el Edipo es algo que se puede vivir de muchas maneras. Quizá este sea el aspecto que más haya que debatir.

Por ejemplo, no es lo mismo que, en la relación de la madre con el niño, el padre intervenga para apoyar el deseo de separación (respecto del hijo) de la madre, en la medida en que el pequeño puede ser un déspota posesivo; a que intervenga sobre la posesividad de la madre. Dicho de otro modo, en un caso interviene sobre el deseo del niño (que, entonces, sí verá al padre como rival, uno al que odiará y del que luego se podrá identificar), en el otro sobre el deseo de la madre. En este último caso, lo más problemático es que el deseo del niño no llegó a constituirse.

En el primer caso, antes que la renuncia a un objeto (la madre) el padre impone una modificación del deseo y provee otro modelo para desear, uno que incluye la pérdida; en el segundo caso, el padre no consigue más que instituir una postergación dosificada.

En este tiempo, me resulta interesante constatar cómo mujeres en pareja tienen serios problemas para hacerle un lugar a un tercero en la relación con sus hijos, mientras que mujeres que han tenido niños sin pareja –después de tener dificultades para establecer una pareja– con el hijo lograron separarse mucho mejor de lo materno y relanzar la pregunta por lo femenino y la pareja también.

El contrapunto es la figura del padre, identificado proyectivamente con el hijo (en lugar de que sea al revés), que le reprocha a la madre que frustre al niño, y que si este llora por algo, dice: "Dale de mamar (o cualquier sustituto), no ves que quiere", sin importar el agotamiento de la mujer.

El Edipo no necesita la familia tradicional, el punto es que el Edipo está en crisis, independientemente de los cambios en las estructuras vinculares, porque lo que está en crisis es la filiación y la diferenciación generacional, algo que depende de la intervención de un padre. Se puede tener una familia con mamá, papá e hijo y que no haya terceridad. En efecto, es constatable también que los varones no quieren ocupar el rol paterno y prefieren ser sucursales maternas, así como antes un padre desaparecía porque se iba o porque descargaba todo lo relacionado con los hijos en la mujer. Y esto no depende de distribuir tareas, sino de la capacidad para vivir una conflictividad triádica en un vínculo.

En la filiación no hay lugar para el poliamor. Esto es el Edipo, querida Triana, así que no te preocupes y quédate tranquila, que la presencia de un varón en casa no garantiza que se trate de un padre.

PIS DE NOCHE,
CACA DE DÍA

Nos escribe Francisca (cuarenta y un años): "Luciano, te escribo por mi hijo de siete años. Hace un tiempo se hizo caca encima un par de veces y no sé cuán importante es la cuestión. Porque ahora la cosa volvió a la normalidad, pero no quisiera sentir que estoy dejando pasar algo. Si me preguntas si hubo alguna situación de estés que pudo haber causado este síntoma, no lo sé. Me da vergüenza contártelo, porque además soy profesional de la salud y creo que estas cosas no deberían escapárseme. Me atrevo a escribirte porque me dan confianza tus respuestas, aunque sé que no puedes decirme algo muy puntual. En todo caso, te agradezco que me ayudes a pensar".

Querida Francisca, muchas gracias por tu correo y por la confianza. En principio, destaco algo que vos misma expones: como profesional de la salud te sientes en desventaja al consultar, porque es como si hubiese un imperativo personal de que uno tiene que saber… porque supuestamente sabe; pero lo primero que diría es que nadie puede ser profesional con sus hijos. Y los casos en que alguien quiere ser quien trate a sus hijos, las cosas no suelen salir bien. Este es un modo amistoso de interpretar el refrán popular "En casa del herrero, cuchillo de palo".

Ahora bien, cuando leía tu mensaje me llamó la atención que, en relación a esto último, dijiste "no deberían escapárseme". Y cuando te leí, inmediatamente se me vino a la cabeza lo que dicen muchos niños cuando se hacen caca encima: "Se me escapó". Tal vez este sea un modo de empezar a pensar que los síntomas de los hijos también muchas veces hablan de nosotros; pero como no es mucha la información que tenemos para este caso, voy a tratar de dar una respuesta más general. En primer lugar, me parece importante que estemos hablando de un niño que ya había logrado el control de esfínteres y, en todo caso, lo que observamos en esta situación es una interrupción transitoria.

Cuando me refiero a "control de esfínteres", tal como lo hicimos otras veces en esta columna, hablo de un conjunto de vivencias psíquicas en las que se pone en juego la capacidad de aceptación de una renuncia. Dicho de otro modo, no se trata de un mero control fisiológico, sino de la adquisición de una capacidad. Y esta última no se adquiere de un día para el otro, sino que a veces toma tiempo y, para el caso, puede ocurrir que también tenga interrupciones transitorias. La contracara es la presencia eventual de estreñimientos, que también pueden ocurrir de vez en cuando, como un modo de retener algo que se teme perder. Por ejemplo, un niño que está pasando por una situación crítica puede ser que esté estreñido porque de este modo recupera una consistencia corporal con la que siente algún tipo de integridad. Ahí puede ser que se haga caca porque aguanta hasta que no aguanta más. Y puede ser que se haga caca o que en diferentes situaciones manche la ropa interior.

Con esto último, lo que trato de situar es la enorme cantidad de circunstancias que puede haber para que ocurra un efecto de este tenor, sin que tengamos que hablar todavía de una encopresis patológica. Algo parecido ocurre con la enuresis, que hoy se prolonga en casos de niños que cumplen años y todavía se hacen pis en la cama de noche. De día controlan perfectamente, pero mojan la cama todas las noches o con alguna regularidad. Es algo sumamente frustrante para los padres, que la mayoría de veces desaparece en la prepubertad sin que ningún tratamiento haya sido la causa de su resolución.

En este punto, entonces, cabe hacer la distinción entre lo que es una dificultad para atravesar el complejo de control de esfínteres y otras situaciones, más comunes, en las que este sufre una regresión o bien pareciera haber una corriente (como ocurre con la enuresis nocturna) que permanece al margen del complejo. En el caso del pis esto es evidente porque no produce tanto rechazo como la caca y porque además también puede estar determinado por motivos múltiples, desde que el órgano genital tiene una función sexual adherida que lo hace proclive a la excitación, hasta que puede ser que el pis en las sábanas produzca una sensación envolvente de calor. Tampoco quiero negar que pueda haber circunstancias traumáticas que hagan que un niño se haga pis encima, pero diría que, en general, esto ocurre de un modo más difuso –en diferentes momentos del día– y no queda localizado durante la noche.

Justamente, querida Francisca, creo que mi intención es poder pensar esta situación fuera de la lógica actual de ir a buscar una causa traumática para todo. Quiero ser claro, el mejor diagnóstico es el que permite una acción y no alimenta los miedos. En el caso de tu hijo, creería que si se trata de algo que retomó lo que denominas "normalidad", hasta que no vuelva a ocurrir no pensaría que sea necesario estar más que atenta. Porque incluso quizá no vuelve a ocurrir. Quiero volver a lo que te decía al comienzo: me parece importante que digas que te da vergüenza que algo se te haya escapado, quizá sea el modo en que esto que le ocurrió a tu hijo replica un aspecto del vínculo. La vergüenza es uno de los constructos psíquicos que, no casualmente, aparecen en torno al control de esfínteres.

Sin más, querida Francisca, me despido con un fuerte abrazo y espero que estas reflexiones acompañen tu pensamiento.

ADIÓS A
LOS PAÑALES

Nos escribe Lucas (cuarenta y cinco años): "Luciano, te escribo por mi hijo más pequeño, que tiene tres años y resulta que está en proceso de dejar los pañales y no sabemos bien si tenemos que hacer algo en particular, o solo esperar. Sé que no me puedes dar una respuesta concreta, porque no conoces a Emilio, pero con alguna orientación general nos alcanza".

Querido Lucas, muchas gracias por tu correo. El tema de los pañales es un tema crucial en la infancia, porque reenvía al complejo de control de esfínteres. Sé que en otras ocasiones ya hemos hablado de la cuestión, pero nunca viene mal volver a repasar lo ya visto y agregar nuevas ideas.

En primer lugar, es muy común que todo lo relacionado con la lactancia desplace a este otro complejo. Es comprensible, la alimentación es una vía de comunicación privilegiada con un niño; sin embargo, nos deja siempre en una actitud complicada: pensamos al niño solo desde el punto de vista de su necesidad y la gratificación.

Dicho de otro modo, pensamos al niño en función de lo que hay que darle y nos cuesta pensar en lo que es preciso pedirle. En efecto, incluso pareciera que esperar o pedirle algo sería un problema, una especie de intrusión, porque todo debe hacerse a sus tiempos.

No obstante, ¿en qué momento el niño tiene que adquirir la exterioridad del tiempo? ¿En qué punto no le cabe también entrar en una dinámica que lo excede y cuyo ritmo tiene que seguir? Estas son preguntas propias del complejo de control de esfínteres, que –como se puede ver– no se reduce al control fisiológico de las heces.

Nadie va al baño en cualquier momento ni en cualquier lugar. Lo que se adquiere con el control esfinteriano es un registro del tiempo que ya no es puramente subjetivo, sino que está incardinado a los otros. Por ejemplo, es parte de este complejo que un niño acepte que no va a deponer junto a otra persona, menos por una cuestión de pudor que porque es un asunto que requiere espera.

Cuestiones como la del pudor y la intimidad son secundarias en un niño. Es cierto que ninguno que no haya adquirido esa temporalidad mínima podrá luego desarrollar la actitud psíquica de la interioridad. El pasaje exitoso por este complejo instaura la diferencia entre el afuera (el tiempo) y el adentro (la mismidad).

En segundo lugar, con respecto a una orientación general, te diría que hay ciertos datos que son relevantes. Por un lado, es importante notar si Emilio tiene conductas de aislamiento cada vez que va a hacer caca. Lo mismo si avisa después de haber hecho, o bien quiere que se le cambie el pañal sucio. Estos indicadores significan que ya está preparado para dejar el pañal y es solo cuestión de tiempo.

Dicho de otra manera, si en este punto le requiere que lo haga, no sería pedirle nada para lo que no esté listo. Este es un aspecto central de la crianza. Los niños no crecen solos, sino en relaciones dinámicas con los padres. Estos tienen que implicarse y plantear su punto de vista, pero su demanda tiene que ser acorde a lo que el niño puede y está en camino de conseguir. Se trata de pedírselo cuando ya estaba a punto de hacerlo solo.

Por último, voy contar algunas cuestiones relativas a la importancia de este complejo. Me refiero a que es muy importante porque, con su realización, el niño adquiere la idea de un proceso. Mientras deja los pañales, el niño adquiere la conciencia corporal de una parte de sí que realiza un trayecto a través de su intestino, para su expulsión.

En este tiempo, el niño se interesa especialmente por los recorridos: a dónde van las cosas, qué camino hizo tal o cual persona, cómo llega la caca del inodoro al "mar" (por una tubería que replica la de su cuerpo). Este interés por procesos exteriores es la cara visible de la capacidad que él adquiere de vivir internamente un "trayecto".

Si todo va bien, gracias a este complejo aprenderá a esperar (que las cosas hagan su recorrido). Por ejemplo, mirará cómo el hilillo de agua de la calzada lleva una hojita, cómo se vacía el agua de la bañera, etc. Antes de este momento, el niño no vivía en un mundo de procesos.

Y si vive en un mundo de procesos, también puede empezar a sufrirlos. En el mejor de los sentidos. Por ejemplo, aprenderá a "hacer fuerza", es decir, a esforzarse. ¿No has notado, querido Lucas, que de un tiempo a esta parte muchos jóvenes ya no quieren hacer esfuerzo y si algo no les gusta lo dejan?

Es que han controlado fisiológicamente el desecho de heces, pero no atravesaron este complejo tan importante. Por eso decía antes que me parece un problema que los temas de la lactancia se hayan impuesto de tal manera que ya casi no se tiene en cuenta lo que viene más adelante.

Te diré lo mismo de otra forma: las fijaciones orales de los niños y la actitud de padres que permanecen en un rol evaluado desde la gratificación producen una infancia mucho más apegada a la primera etapa del desarrollo evolutivo, sin tener en cuenta el carácter integral del crecimiento.

Querido Lucas, intenté dar una respuesta en diferentes niveles, porque este es un tema de gran complejidad y pone en juego mucho más que una cuestión adaptativa. La idea misma que nos hacemos de un niño está implícita en la idea que nos hacemos de esta etapa. No alcanza con decirle adiós a los pañales, se trata de adquirir una función que es de mucha ayuda para la vida.

PANTALLAS EN LA
INFANCIA, ¿SÍ O NO?

Nos escribe Daniela (cuarenta y un años, Provincia de Buenos Aires): "Hola, Luciano, alguna vez te escuché en la radio decir que no era conveniente la exposición de los niños a las pantallas cuando eran pequeños; sin embargo, yo también pienso que estas a veces implican muchos contenidos educativos. Por eso, no estoy de acuerdo con lo que planteas. Creo que muchas veces se estigmatiza a las pantallas y son parte del mundo de hoy. Quería hacerte llegar mi opinión y que, si quieres, me respondas".

Querida Daniela, muchas gracias por tu mensaje y, en particular, por escribirme para expresar un desacuerdo. Sobre todo, por hacerlo con un argumento y no meramente con una impugnación del interlocutor –que es lo más frecuente hoy.

¿No sé si notaste que muchas veces, cuando a alguien no le gusta lo que dice otro, antes que desarrollar una idea, directamente degrada al otro? Por eso te agradezco que me escribas con la intención de abrir un diálogo y conversar. Además, me estás dando la oportunidad de exponer un poco más las ideas que propuse en esa entrevista radiofónica.

Sobre las pantallas y la infancia hay mucho que se viene diciendo y se podría decir. No me voy a detener en cuestiones que ya están suficientemente investigadas, como el daño que representan cuando se trata de lactantes, en la medida en que dificulta la posterior adquisición de la palabra.

Tampoco voy a desarrollar otro tema que ya está muy investigado –que expuse en mi libro *Más crianza, menos terapia* acerca de cómo la pantalla plantea un cortocircuito en el vínculo entre padres e hijos, porque estos piden por la pantalla antes que por los valores que los padres puedan transmitirles; es decir, la pantalla permanece como un objeto primario que no acompaña el crecimiento de los niños.

Me explico mejor: en lugar de pedir cosas más elaboradas, los niños piden casi todo el tiempo la pantalla como si fuera un sustituto de un chupete y este es el problema. Así, aquello que los hijos piden no pierde el carácter de objeto inmediato, no se complejiza, es un "Quiero esto" que no se diferencia del objeto del berrinche –una chocolatina del quiosco, YA– y esto los deja en una posición ansiosa.

No obstante, ninguna de estas cuestiones son las que quisiera considerar. Prefiero que nos detengamos en el núcleo de la consulta, relacionada con los contenidos. Te refieres al potencial educativo de las pantallas. Si no me equivoco, creo que estás hablando de algunas aplicaciones que tienen vídeos consecutivos, en los que se transmite información diversa.

Aquí ya tenemos una primera observación para hacer: ¿es lo mismo información (que puede ser más o menos útil) que conocimiento? Porque, en vistas de la educación, lo preciso es que se asocie a la capacidad de conocer –que no se confunde con saber cosas-. Esto es algo que a veces noto, que los niños saben muchas cosas (muchas más que las que yo sabía en mi infancia), pero no por eso tienen una relación con el conocimiento.

Lo explico de otra manera: ¿acaso no existen los acumuladores de cosas? Pues de la misma forma podemos pensar que también existen los que acumulan saberes o información. Por ejemplo, un niño puede saberse todas las capitales del mundo y no por eso tener la menor conciencia geográfica. Lo importante no es qué sabe un niño, sino cuál es la pregunta que lo llevó a querer saber eso.

Sin esta pregunta –verdadera fuente del deseo de conocer– no hay una gran diferencia entre el niño y la pantalla que tiene delante. Ambos procesan información, pero no piensan. El problema de cómo se transmiten contenidos en la virtualidad es que pueden llevar a que el niño se asimile a la máquina y no que esta sea un instrumento para él.

De este modo, puede decirse que un niño es inteligente porque sabe mucho, sin tener en cuenta que la inteligencia depende también de la reflexión y el pensamiento crítico; es decir, no se trata de la incorporación de información, sino de la reelaboración que se pueda hacer de lo incorporado en función de nuevas preguntas.

En este punto, una última consideración, pero que es a la que tiende todo lo anterior. Yo creo que para un niño son fundamentales las historias; es decir, las series narrativas en las que hay un comienzo, un desarrollo y un final. Por eso, la infancia es el momento privilegiado de los cuentos clásicos, que tienen una función más allá de su contenido, porque transmiten un ritmo dosificado para su adquisición.

Los famosos vídeos de información, pequeñas cápsulas de unos pocos segundos, tienen el tiempo de lo instantáneo; de lo que impacta en una percepción que se vuelve desatenta, ya que inmediatamente pasa a otro vídeo. Entonces, estos vídeos –por su forma de comunicar– van a contrapelo de la narración y constituyen un sujeto apresurado, que sin dilación ni espera quiere pasar a lo siguiente.

No nos olvidemos, querida Daniela, que no por nada las pantallas pasaron a estar en la lista de las nuevas adicciones. Por lo tanto, estoy de acuerdo en que no hay que estigmatizar, pero eso no quiere decir que miremos para otro lado en cuanto a los riesgos que implican las pantallas.

Y en lo que tiene que ver con los contenidos, creo que en esta respuesta consideré tanto su modo de aprehensión como la forma en que son presentados, de un modo que permite no ir tan rápido a la hora de proponer que puedan representar algún tipo de educación.

¿HAY QUE PROHIBIR
LAS PANTALLAS?

Nos escribe Natalia (cuarenta y cinco años): "Hola, Luciano, te escribí hace un tiempo para consultarte sobre uno de mis hijos. Vi que luego habías respondido a otra persona que tenía una consulta parecida, así que me animo a escribirte de nuevo para consultarte por otro hijo, el más pequeño, que vive pegado a la pantalla. Yo entiendo lo que dices, de que prohibir no es el camino y que el mundo cambió, pero la verdad es que me irrita verlo tirado con el teléfono y me dan ganas de quitárselo, si no fuera encima son carísimos. Ayúdame a pensar en algo positivo, por favor".

Querida Natalia, muchas gracias por tu correo, que recibo con mucho gusto porque me da la ocasión para aclararle a los lectores que, a veces, cuando hago una columna respondo a varios. Elijo la carta más significativa desde el punto de vista narrativo, pero luego en el desarrollo trato de contemplar lo que varios plantean.

Te cuento Natalia que, en mi ordenador, tengo una carpeta que, en su interior, tiene a su vez varias otras carpetas y allí se van agrupando los temas por los que me escriben. Lo menos que puedo hacer es leer con atención a quienes se toman el trabajo de escribirme.

¡Y también espero ser leído atentamente! A veces hay quienes me escriben después de haber leído una columna y me plantean preguntas con las que seguir. Ahora bien, Natalia, este rodeo es para decir que ¡yo nunca dije que no había que prohibir las pantallas!

Si mi memoria no falla, creo que más bien dije –en reiteradas ocasiones– que hacerlo era en vano. Prohibir es algo que, al final, desgasta. Y además, en una sociedad tecnológica como la nuestra, todo lleva hacia el uso constante de dispositivos.

Entonces ¿qué hacemos? En principio, quiero escuchar tu malestar. La impotencia que sientes cuando dices que quisieras tirar el teléfono y no lo haces porque es caro. Entiendo que este es un modo de decirme que tu palabra falla cuando le pides que deje de usarlo. Por otro lado, me llega profundamente la sensación que transmites cuando dices que lo ves "tirado con el teléfono".

Fíjate en dos cuestiones: el modo en que tu expresión es muy elocuente y "tirado con" va más allá de "tumbado", sino que adquiere la significación de arrojado, como si fuera un tipo de desecho. Es muy fuerte.

En segundo lugar, hay algo en el teléfono que es un buen comienzo de partida. Porque, en particular, me considero bastante enemigo de los dispositivos móviles en niños. ¿Quieres que te cuente el motivo?

Porque los teléfonos no cansan y, en efecto, terminan doblegando al cuerpo. Por eso vemos a los chicos tirados en los sillones o en las camas como –si me permites una imagen chocante– si fueran drogadictos después de consumir.

Como creo que prohibir no sirve, si puedo continuar con la metáfora de la adicción, me parece que es mejor ir por el lado de la reducción de daños. La televisión, después de un rato, cansa y/o aburre, impone su distancia (por más cerca que se la vea).

Y con el ordenador pasa algo parecido, se trata de objetos que al final son un poco incómodos. Ver YouTube en el ordenador, como suelen hacer los niños, después de un rato es molesto. Si se está en la cama, hay que moverse; el cuerpo sentado en una silla prefiere el cambio de posición.

El teléfono móvil, en cambio, dada su condición de objeto adosado a la mano, no ofrece la menor resistencia y es casi una prolongación de la mirada. Esto es lo terrible. "Nunca se sacia el ojo de ver, ni el oído de oír" creo que dice el Eclesiastés.

Los teléfonos móviles ya no son instrumentos, sino una extensión de nuestro cuerpo, en los que, paradójicamente, nos sumergimos y nos absorben; pero esto no les pasa solo a los niños, sino que también es la vida cotidiana de los adultos. Para comprobarlo no hay más que subirse a un transporte público.

Por lo tanto, querida Natalia, te cuento que yo soy cada vez más partidario de que el uso de teléfonos en niños sea por un tiempo limitado y que los adquieran cuanto más mayores, mejor. No sé si lo notaste, pero en esta respuesta no pregunté la edad de tu hijo. La imagen es tan elocuente que no hacía falta.

Podría tener cualquier edad. Ya sea que hablemos de un niño que está en prescolar o de uno que está en plena adolescencia. Y ojo que este estar tirados nada tiene que ver con la pose despatarrada de la juventud o el célebre "No hacer nada" del que tanto hablamos en otra ocasión en esta columna.

Para concluir, querida Natalia, quiero retomar lo que dijimos antes sobre la palabra. Y apuntar a la impotencia que me transmitiste con la imagen de tirar el teléfono. Estos son tiempos en que los padres temen a los hijos. Por ejemplo, en la consulta terapéutica es muy común que nos pregunten: ¿y si no quiere hacer tal cosa...?

La cuestión es cómo llegamos a esa situación en que es más importante lo que un hijo quiere, en lo que tiene que ver con su crianza, claro, que nuestra decisión para sancionar una regulación.

En este punto, vuelvo a una idea que ya exploré en diferentes ocasiones: es importante pensar en las dos escenas; cuando planteamos algo no es para que el niño (o adolescente) lo haga en el momento, sino para que nuestra palabra tenga peso. A veces basta con decirlo y retirarse, que el niño (a adolescente) se encuentre a solas con su decisión, para que luego sepa qué tiene que hacer.

Ningún hijo quiere decepcionar a sus padres. También ocurre que ningún hijo se vuelve responsable si sus problemas les importan más a los padres que a él mismo.

MADRE Y PADRE
A LA VEZ

Nos escribe Alexia (cuarenta y cuatro años): "Hola, Luciano, te escribo porque tengo un tema con mi hijo de ocho. Lo tuve de mayor y me separé de su padre separamos al poco tiempo, y la verdad es que siempre fui un poco papá y mamá a la vez. Esto no fue un problema cuando él era más pequeño, pero el tema es que ahora ha empezado a responder de un modo que no me gusta. Hasta me contesta cuando se frustra, echándome la culpa, por ejemplo, cuando pierde en algo. El otro día me dijo: 'No me rompas las...' porque se le había roto un juguete y se fue a llorar a la habitación y si quiero acercarme es peor. Después vino y me pidió perdón, pero la verdad no sé qué hacer. Te agradeceré mucho que me respondas".

Querida Alexia, ¡qué consulta! Muy difícil dar una respuesta, pero por eso la elegí, porque sé que puede ser útil para muchas otras madres que me han contado situaciones similares. La circunstancia de ser madre y padre a la vez es algo corriente por diversos motivos: a veces porque no hubo varón en una pareja, porque no asumió la función parental o, directamente, porque puede estar presente y ser de palo o una sucursal materna.

No importan los motivos. El punto es que la pregunta en juego es hasta qué punto en la crianza de un pequeño varón se puede prescindir de otro varón o, mejor dicho, una instancia paterna diferenciada. Esta es una pregunta muy difícil y sé que todo lo que diga en esta breve columna será poco; pero avancemos, porque es un tema muy relevante y actual, por el que vale la pena el esfuerzo incompleto.

De tu consulta, Alexia, tomo dos cuestiones. Por un lado, que me cuentas que durante un tiempo todo anduvo bien y ahora, a los ocho años de tu hijo, algo cambió. En este punto, te voy a dar primero una respuesta teórica, que luego voy a explicar: se trata de la actualización del complejo de Edipo, que no tiene que ver con la historia del amor por la madre y el padre en el lugar de rival. El Edipo es lo que tu hijo pone de manifiesto cuando se encuentra con el efecto de una pérdida irreparable.

Esto es lo que ocurrió con la rotura del juguete. Si le compras otro, será otro, pero ya no puede ser el mismo, el anterior. Y ahí muchas veces las madres quieren consolar a los hijos y decirles que no es nada, que es solo un juguete, que tienen otros, pero créeme: nada de esto sirve, porque ser varón es atravesar esa pérdida irreparable. Sí puedo darte un ejemplo que tal vez sea un poco vulgar: imagino que sería como si una mujer, ante un varón impotente en lo sexual, le dijera: "No te preocupes, igual podemos charlar, o quizá la próxima funcione...". La sensación de impotencia no tiene consuelo y eso explica la furia. Ahí no hay mucho que se pueda hacer y fíjate que él mismo lo sabe, porque se va a llorar a su habitación.

Lo interesante, como cuentas a continuación, es que él viene y te pide perdón. Creo que este es un elemento interesante, que se complementa con otro: si me hubieras contado que tu hijo no acepta perder cuando juega con un amigo, porque se queda enganchado en algún tipo de rivalidad hostil, o porque ante la confrontación siente que el otro lo disfruta y le quiere hacer algún daño, ahí mi respuesta hubiera sido otra y quizá más preocupada; pero en este punto te respondo con tranquilidad. Tu hijo sabe que es un tema suyo y que se trata de esperar de que se le pase y lo acepte. Dale su tiempo y su espacio.

Quiero ser más claro con esto último. Dices que él te echa la culpa, pero si después viene y te pide perdón es porque sabe que la culpa está de su lado. Es como si fuera un niño entre dos aguas: entre la posición infantil de culpar al otro y el comienzo de virilización que va de la mano de consentir al fracaso eventual. ¡Tienes en casa a un pequeño varoncito! Y por supuesto que esto no depende de la anatomía, sino de la maravillosa experiencia que está transitando en su crecimiento.

Este es un tiempo de pasaje. Recuerdo cuando uno de mis hijos, también alrededor de la edad del tuyo, cuando tenía uno de estos arranques, luego venía y, en lugar de pedir perdón, decía: "Te perdono". ¡Qué complicado es poder asimilar la culpa como algo interno, ya que primero se la deposita afuera en el otro! Por eso cuando se trata de operaciones psíquicas no tienen mucho sentido los discursos ni las explicaciones que queremos decirles en el momento.

A partir de esto último quiero detenerme, por otro lado, en esa expresión que dijo: "No me rompas...". Sin justificarla, te propongo que la interpretemos: ¿no es un dicho que sirve para situar la diferencia entre varón y mujer, en el seno de la relación entre madre e hijo? Por eso antes utilicé el ejemplo de la impotencia. Y lo que voy a agregar, ahora sí como consejo, es un modo de intervención: si en el momento no cabe dar un consuelo, sí después creo que podría estar bien que le digas que te das cuenta de que él perdió algo muy valioso para él, que esas cosas ocurren, pero que no por eso te puede decir lo que te dijo, que eres una mujer –además de una mamá– y que (si quieres ponerle un poco de pimienta) un vecino, el encargado del edificio –si hay– o un tercero lo escuchó gritar y te preguntó qué había pasado.

El objetivo de esta intervención es incluir un tercer lugar en la escena que, si solo los incluye a los dos, tenderá a una intimidad que no servirá para resolver estas situaciones. Es necesario que su exabrupto –como la palabra lo indica– tenga una sanción exterior, que no tiene por qué ser punitiva ni se redime con que lo perdones.

Para concluir, querida Alexia, vuelvo a algo que dije al comienzo. La situación que me cuentas es muy amplia y compleja. Mi respuesta se ciñe a un caso ideal que quizá no se ajuste del todo al tuyo, por eso también incluí un elemento diferencial (en relación a la situación de perder con otro) para trazar un contrapunto y, llegada la coyuntura, también evalúes si es el momento de hacer una consulta especializada.

MAMÁ DE
UN NIÑO

Nos escribe Alejandra (treinta y nueve años, Villa Gracia): "Hola, Luciano, te escribo para consultar por una cuestión de mi hijo. Tiene cuatro para cinco años y de repente es como si se hubiera puesto muy rígido. Le ha cambiado el carácter y está muy pesado en que quiere que las cosas se hagan de un solo modo. También ha empezado a retarme y esto no sé si está bien. Te doy un ejemplo: me dice 'Estás cruzando mal la calle', cuando no es que cruzo por la mitad, sino por la esquina. O si escucha en la radio que va a llover, dice que no hay que salir porque va a llover y luego no lleve. No sé si preocuparme, pero a veces me asalta la duda, me da miedo que sea así porque decidí tenerlo sola y tal vez él crea que tiene que hacer de figura masculina y padre conmigo. ¿Tendría que llevarlo a un psicólogo?".

Querida Alejandra, muchas gracias por tu consulta. Lo primero que te diría es isí que es difícil orientarse con el servicio meteorológico! Quizá sea mucho más complicado que criar a un niño.

En principio, me resulta interesante lo que me cuentas de un cambio de carácter. En ese punto, en efecto, es que algo ha ocurrido. No tiene que haber sido nada traumático, puede tratarse solo del desarrollo de algún proceso psíquico novedoso. Lo que tenemos que interpretar, en todo caso, es el efecto.

Dices que está "pesado" y que te "reta". Son dos cosas muy diferentes. Quizá la palabra que mejor designa el fenómeno es la que usaste primero, que está "rígido". Ahora bien, esta rigidez no es necesariamente patológica. Mucho menos si la reconducimos a la situación de la calle o la cuestión del pronóstico.

En estas dos circunstancias, lo que yo entiendo es que tu hijo plantea que existen reglas. Mejor dicho, que hay un principio que funciona como una ley y que es preciso que no solo se aplique a él, sino también a todos –incluida su madre.

Esto último me parece relevante, porque implica una toma de distancia respecto de tu palabra. Lo diría de este modo: hasta hace un tiempo, tal vez la voz de la autoridad provenía solo de tu nombre, mientras que ahora tu hijo entiende que hay una instancia superior, podría ser el código urbanístico o las normas de tránsito, como el ciclo del agua que explica la lluvia y la necesidad de llevar paraguas.

En cierta medida, entiendo que tu duda puede prevenir de este cambio que no solo le toca a él, sino también a ti, respecto de tu posición. Esto es significativo, porque muestra la manera en que un cambio en un hijo siempre nos despierta dudas y preocupaciones.

Es significativo, porque impone la necesidad de que nosotros nos pensemos a nosotros mismos, además de a ellos. Respecto de él, me da la impresión de que se trata de un niño que está creciendo y que incluso ya está dejando de ser un pequeño, para entrar en cierta idea de lo común y un modo de relación con la realidad más allá de la figura parental como filtro para descifrar qué ocurre a su alrededor.

Tal vez su rigidez sea indicadora de que este niño será un futuro obsesivo, que tendrá que aprender a reconocer excepciones y no quedarse apegado a su punto de vista; pero nada de esto puede ser malo; es más, diría que es la puerta de entrada a un trabajo que él tendrá que hacer con su propia vida, sin que ya pueda decirse que es como es por la madre.

Destaco este último aspecto, porque es crucial. Si el desarrollo de un niño acontece de manera saludable, podemos estar seguros de que incluso a una edad tan temprana como la de cuatro o cinco años, su vida ya no podrá explicarse linealmente a partir de sus padres, sino por rasgos de personalidad que fue adquiriendo por su propia cuenta.

En este punto, sí pareciera que te cuesta prescindir de esta interpretación lineal y que remite a su nacimiento. Tal vez este sea un momento privilegiado para ver cuánto creció este niño, al que ya no se puede pensar como el bebé que fue. En efecto, planteas que el hecho de haber decidido tenerlo sin una pareja, por lo que entiendo, llevaría a que él quiera hacer de padre, pero mi punto de vista es otro.

Te lo comparto: creo que, a través de este recurso a la ley, como algo que va más allá de la instancia del vínculo (materno), tu hijo muestra que no le falta un padre y que la función paterna está cumplimentada. Incluso diría que está creciendo muy bien.

Sí me llama la atención que destaques que su virilización, es decir, el modo en que se va convirtiendo en una figura masculina, sea algo referido a ti. Por esa interpretación sí que estaría bien que se despliegue una pregunta personal.

Me preguntas si tienes que consultar a un profesional y yo te diría que, en principio, más que por él hagas la consulta por esas inquietudes que surgen en relación al cambio de posición que te afecta.

Querida Alejandra, no sé si actualmente concurres a un espacio terapéutico, pero lo que restaría decir –en el caso de que no– que hacer una consulta de este tenor no es porque esté pasando algo malo, sino para reformular algunas preocupaciones en términos que permitan que las pensemos sin ansiedad, para sacarles un mayor provecho.

NO ES APEGO,
ES EDIPO

Escribe Tatiana (treinta y cuatro años): "Hola, Luciano, te escribo porque te quiero hacer una pregunta por algo de lo que ya escribiste en otras ocasiones, pero para mí no está claro. Varias veces dijiste que el complejo de Edipo no es que el niño se enamore de la madre ni se quiera casar con ella, pero ¿esto no pasa? Porque yo tengo un hijo de tres años que lo tengo todo el tiempo encima, esto ¿no es el Edipo? ¿O es apego?".

Querida Tatiana, muchísimas gracias por tu correo para poder explicar una idea muy difícil. Por un lado, porque tienes razón, varias veces dije que el Edipo no es la novela en que un niño se enamora de la madre, sino que es algo más complejo (perdón por el chiste tonto), pero también existen este tipo de situaciones que me cuentas.

Por otro lado, porque no alcanza con decir qué cosa no es algo, es decir, definirlo por la negativa, para decir qué es positivamente. Entonces vamos a partir de la situación que me cuentas y desde ahí pasamos a pensar cuál es el sentido estricto de esta experiencia que es tan importante para el crecimiento mental.

Mencionas, querida Tatiana, una experiencia que es observable. Hacia los dos/tres años, tras el destete, es común que los niños desarrollen un claro apego hacia sus madres y, por ejemplo, las persigan por toda la casa, se quieran meter en el baño con ellas, en fin, en cualquier circunstancia, si ven a la mamá, quieren ir con ella.

Aquí cabe una aclaración. Dije "Si la ven...", porque si no la ven, están bien. No la extrañan tanto como para no poder quedarse en otros lugares. Esto es muy bueno, porque significa que el sentido de su ausencia ya está desarrollado.

El niño, entonces, cuenta con la ausencia de la madre, pero si ella está presente, quiere estar con ella. Ahora entramos en una distinción oscura, porque ese apego no solo tiene el fin de estar con ella. Si te fijas bien, muchas veces es una conducta celosa: el niño no quiere que la madre haga otra cosa.

Dicho de otro modo, no se trata tanto de estar con ella, sino de que ella esté con él. En última instancia, quizá con un poco de exageración, podríamos llegar a decir que se trata de una conducta posesiva. El niño quiere poseer a la madre. Por ejemplo, en este punto si llega a ver que la madre charla a gusto con una amiga, o bien tiene un gesto tierno con el padre, se va a entrometer y va a gritar "¡No!".

Esto último puede parecer un poco raro, pero te aseguro que me tocó ver a niños que si la mamá se pone a bailar, ellos gritan: "¡No bailes!". O si ella está tranquila leyendo un libro, él se mete entre sus brazos y le impide la lectura. Es como si la cuestión de fondo fuera: no hagas otra cosa.

Esto es el Edipo, es decir, no tanto que el niño esté enamorado de la madre y se quiera casar con ella, sino que la haya convertido en su objeto (psíquico) de amor. Aquí cabe establecer la diferencia que anticipé: esto no es apego, no es dependencia, ni necesidad de la madre, sino deseo.

Y el contrapunto es igualmente significativo: cuando no está con ella, el niño llora y tal vez hasta se enoja; porque su llanto no es de tristeza, sino de frustración. Quizá se despierta en medio de la noche y llama a la madre, no tanto porque tenga miedo o no pueda dormir sin ella, sino por lo que dijimos antes: quiere poseerla; pero, afortunadamente, ya está planteada la vía de salida: no podrá tenerla.

Este es un momento muy preliminar del Edipo, que no sé si se corresponde con el caso de tu hijo, Tatiana, pero sí puedo decirte que esa frustración que el niño comienza a sentir en ese momento es muy productiva, porque se canaliza hacia un complejo precedente, que es el de control de esfínteres. Buena parte de la bronca que el niño siente por la frustración de su madre la usará para hacer fuerza para ir al baño.

Con esto último, lo que intento situar es que el Edipo es un complejo paradójico, ya que viene después del destete y el control de esfínteres, pero también ya está desde antes y presta su auxilio a los otros complejos. Por eso para Freud este era el complejo más importante de toda la estructuración psíquica.

Ahora bien, ¿dónde queda el padre en todo esto? Porque está claro que el Edipo no es solo la relación con la madre, sino también la intervención del padre. En este punto, diría que la intervención del padre es una suposición. Creo que durante muchos años se pensó que la otra cara del Edipo era que el padre se metiera entre el niño y la madre.

No estoy de acuerdo con esta interpretación, porque creo que eso hace del padre otro niño más que quiere poseer a la madre. Y hay familias en las que no hay padre y eso no quiere decir que falte. En todo caso, lo pensaría al revés: si hay padre, esto es lo que justifica que el niño tenga celos. Y si no hay padre, es porque padre puede ser cualquier otra cosa que hace que, en el niño, se ponga en forma su intención posesiva.

En cualquier caso, lo fundamental es que esta última tienda a la frustración; que, de un modo u otro, esté claro que el niño no podrá satisfacer ese anhelo, que su posesividad no será suficiente para que la madre renuncie a su interés por otras cosas. Este es un modo de decir que es preciso haber renunciado a la relación de apego para que sea posible la relación según el complejo de Edipo.

Para concluir, aclaro esto último: no es que el apego y el Edipo se excluyen, sino que lo primero es condición de lo segundo, pero si no se produce el desplazamiento, el pasaje de una a otra, lo más probable es que el niño permanezca en un tipo de relación más primaria que de elaboración e integración vincular. Si el atravesamiento del Edipo es exitoso, el niño ya no repetirá la relación con la madre con otra persona, sino que buscará justamente a *otra* persona.

DE HIJO ÚNICO
A HERMANO MAYOR

Nos escribe Patricia (cuarenta y dos años): "Querido Luciano, te escribo porque tengo un problema con mis hijos. Son dos y el mayor vive peleándose con el más pequeño. Yo le digo que es mayor, pero no sé si son celos o qué, la cuestión es que vive comparándose y me pregunto si esto es normal, la verdad es que me da cosa que con el tiempo se vuelva un resentido".

Querida Patricia, muchas gracias por tu mensaje. Nos da la ocasión de seguir trabajando sobre los vínculos, esta vez la relación entre hermanos.

No sé cuál es la edad de tus hijos, pero por tu correo supongo que el mayor de tus hijos debe haber sido "único" durante un buen tiempo. Como es comprensible que un niño se ponga celoso cuando nace un hermanito, la única observación que haría al respecto es la que sigue: eso no quiere decir que no quiera a su hermano.

Al contrario, los celos del hermano están referidos al amor de los padres y no se basan en el odio fraterno. Este último tiene otras coordenadas y, cuando aparece, requiere que haya un tratamiento particular.

Ahora bien, para la circunstancia que me cuentas, cabe hacer una distinción: una cosa es el vínculo de tu hijo mayor con su hermano, otra es que aquel pueda no tener ganas de crecer y, por lo tanto, tienda a querer ser pequeño como el otro. Si este último fuera el caso, también requeriría un tratamiento particular.

Supongamos que va todo bien, que no es ninguna de las situaciones que mencioné y se trata de un caso de celos normales entre hermanos. ¿Qué le decimos al mayor? En principio, creo que decirle que es "mayor" no es conveniente, porque es un modo de reforzar que sienta una privación. No nos damos cuenta y le estamos transmitiendo una resignación: hay cosas para las que ya no está y, entonces, el hermano menor queda en el lugar de un goce que le pertenece y del que excluye al otro.

Por lo tanto, vamos a cambiar la estrategia. Decirle que es el más grande es como si le dijésemos que lo vamos a ascender a CEO de la empresa, con muchas más obligaciones, pero con el mismo sueldo. Tenemos que ir por otro lado. Por eso, en principio, te aconsejo que le digamos que es el mayor y que esto, por un lado, quiere decir que él siempre va a tener más que su hermano menor.

¿Qué quiere decir que siempre va a "tener más"? En primer lugar, quiere decir que él va a tener muchas cosas antes que su hermano, que ya las tuvo con anterioridad, pero que, desde un punto de vista progresivo, en segundo lugar, también va a tener experiencias para las que el otro va a tener que esperar. Esto implica una gran ganancia e incentiva el deseo de crecer, el más fundamental de los deseos en la infancia.

Por otro lado, "tener más" también quiere decir que, en la medida en que crece, puede elegir. Pensemos una situación típica, el hermano mayor se pone celoso de lo que le regalaron al pequeño –supongamos, un coche–. ¿Quiere decir que quiere el coche? No, en absoluto. Lo que quiere es la experiencia de gratificación que proyecta en su hermano menor; sin embargo, lo que no se debe olvidar de señalar es que el pequeño seguramente no eligió.

Algo que es muy importante destacar con los hermanos mayores es que ese lugar les permite acceder a una capacidad de elección que no está en los más pequeños. De este modo, "tener más" no quiere decir quedar encallado en una rivalidad con el menor, sino trascender la comparación. Mayor no solo no es "más grande", sino que tampoco es un término que se define por la relación con el otro (menor), es una cualidad distinta.

Si algo quisiera subrayar, querida Patricia, es que esta estrategia apunta a que nuestros hijos quieran crecer apropiándose de la libertad que acarrea el crecimiento. Si como dije antes, un niño tiene alguna inhibición de crecimiento, va a decir que no quiere elegir, que tal vez era más feliz cuando era más pequeño. Esto es algo que siempre hay que tener en cuenta, ya que es un modo de escuchar que a ese niño quizá le ocurrió algo que lo lleva a añorar ese tipo de plenitud ingenua que se tiene en los primeros años de vida.

Si todo va bien, en cambio, el niño se apropia de la libertad y quiere elegir, valora esta capacidad, ya que –independientemente de cualquier objeto– que haya podido elegir le da un brillo singular. Fíjate en lo que le ocurre a aquellos (no solo niños) que quieren algo en la medida en que lo vieron primero, o bien porque creen que es socialmente valioso: al poco tiempo lo olvidan, quizá nunca lo quieren lo suficiente.

En este tipo de circunstancias, querida Patricia, se juegan las decisiones que más importan en la crianza. Muchas veces nos desvivimos por recetas o consejos que nos digan qué hacer, pero el tema no es tanto la acción sino el criterio. Lo que debemos compartir entre padres es el criterio con el que queremos que nuestros hijos crezcan. Si pensamos la crianza en términos de un medio para un fin, como si este fuera un ideal a alcanzar, nunca nos irá del todo bien.

Con esto último lo que quiero decir es que la crianza no es lograr objetivos, sino que los medios se reemplacen entre ellos y que la orientación se vaya definiendo más allá de nuestros intereses. No criamos a nuestros hijos para que sean de un modo u otro –en todo caso, este es el propósito de la educación–, sino que lo hacemos para que ellos decidan qué vida quieren tener.

TRASTORNO DE DÉFICIT
DE ATENCIÓN (¿E HIPERACTIVIDAD?)

Nos escribe Adela (treinta y seis años): "Buenas tardes, Luciano, te escribo para hacerte una consulta sobre un tema que me tiene a mal traer. Estoy preocupada porque me dijeron que mi hijo de cinco años tiene trastorno de déficit de atención con hiperactividad y para mí es una sorpresa enorme. Imagínate que de golpe me están hablando de una medicación, de una cantidad de terapias, mi pareja y yo estamos desesperados. Quisiera saber tu opinión y si puedes recomendarnos un profesional".

Querida Adela, entiendo tu desesperación. Hay mil detalles que necesitaría saber para poder expresar mejor mi opinión y, mucho más, para recomendar un profesional. Lo que sí puedo decirte es que ninguna evaluación en la infancia es concluyente. Y, además, estamos ante uno de los diagnósticos más polémicos de los últimos años, por su extrema difusión y por la implementación irrestricta de tratamientos supuestamente integrales que, en nombre de no perder tiempo, se vuelven precipitados e invasivos.

Con esto último no quiero decir que el diagnóstico de trastorno de atención, con o sin hiperactividad, no refiera a una realidad.

El punto es que esa realidad puede ser muy diversa. Algo parecido ocurrió cuando se empezó a hablar de "espectro" autista, sin tener en cuenta que entre los extremos puede haber diferencias sustanciales y no hay un tratamiento unívoco. En salud mental, los protocolos tienen que ajustarse a la singularidad y no al revés.

Dicho esto, querida Adela, te daré mi opinión personal –profesional– sobre el diagnóstico, que me importa mucho menos que el modo en que se establece. Por mi parte, solo creería en la evaluación de alguien que hubiera visto a tu hijo en varias ocasiones y durante sesiones prolongadas. Algo tan importante como un diagnóstico no puede hacerse a través de llenar informes ni de "oídas". Y si se utilizan, tienen que ser completados *in situ*, a través de la discusión de ejemplos y contraejemplos, para evitar sesgos iterativos en las respuestas –entre otros vicios de administración.

Por otro lado, independientemente de lo que establezcan los informes, lo fundamental es tener presente si el niño está en proceso de crecimiento. Dicho de otro modo, lo más importante en la evaluación de un niño no es confirmar ciertos síntomas o signos, sino determinar si ocurren en una etapa de crecimiento. La evaluación tiene que ser siempre longitudinal, no para un momento dado.

Voy a explicar mejor esta última idea. Los niños no crecen por acumulación de capacidades, sino a través de conflictos y, muchas veces, estos se expresan sintomáticamente. Que un niño tenga de vez en cuando algún síntoma no quiere decir que requiera un tratamiento y menos una medicación. Me preguntarás "Entonces ¿qué hacemos?" y yo te voy a responder: primero, esperar y después volver a evaluarlo. Entre un tiempo y otro se podrá determinar con qué recursos cuenta y cuál es su capacidad para afrontar lo que le ocurre.

Una de las peores cosas que se puede hacer cuando se tienen entrevistas con padres es transmitirles urgencias innecesarias. Paradójicamente, con el déficit de atención en lugar de hacer foco e ir paso a paso, se actúa hiperactivamente con la angustia de los padres. Y otra cosa con la que no estoy de acuerdo: que un profesional les diga a unos padres lo que "podría" pasar. Un buen profesional es aquel que emite su opinión en función de lo que ocurre, no en función de futuros imprevisibles. Y si alguien en el campo de la salud mental cree que puede hacer un pronóstico cierto, miente. Mucho más cuando se trata de un niño.

Dicho todo esto, querida Adela, fíjate que no estoy discutiendo tanto el diagnóstico en sí, sino el modo en que se instaló en nuestras sociedades. Quizá no se corresponda con tu caso, pero en estos últimos meses son innumerables las veces que escuché casos en que de forma descuidada (a veces con profesionales que apenas ven a los niños) se establece un diagnóstico y en el primer cajón del escritorio ya se tiene un paquete listo para el tratamiento. Entonces, la pregunta que yo hago es la siguiente: ¿se hace adecuadamente un diagnóstico o se confirma el diagnóstico que ya se tiene al alcance de la mano?

Este es uno de los problemas que trajo la especialización extrema de las profesiones, por la cual en lugar de tener un formación amplia y variada, algunos se forman muy puntualmente en un diagnóstico a partir de un test específico (del que obtienen un certificación, sin tener demasiada idea de dónde salió el test ni cómo se acredita una certificación, porque no tienen capacitación en evaluación de test) y listo: ahora ya no son profesionales, sino administradores de una técnica. No quiero ser irónico, porque yo respeto muchísimo a quienes se forman en técnicas, pero como me dijo una vez una amiga investigadora en este campo epistemológico: uno de verdad conoce un procedimiento de evaluación psicológica cuando sabe cuáles son los puntos débiles de la técnica. Ella renegaba de esas capacitaciones que hacen que un profesional se vuelva un aplicador de métodos cuyos fundamentos apenas conoce. Veía en esto una renuncia al criterio profesional.

Querida Adela, no voy a recomendarte un profesional, pero sí espero que tengas en cuenta estas herramientas para saber si estás ante un profesional o ante un administrativo con título. Destaco tus palabras, "Me están hablando de una medicación", es decir, entiendo que escuchas esas palabras como si te estuvieran hablando desde lejos. Bien, ¿sabes cuánto hay que trabajar con unos padres para poder decirles de manera adecuada que quizá sea necesario que su hijo sea medicado? Con esto quiero decir que ahora la cuestión no es el diagnóstico, sino el proceso de evaluación por el que pasaron, que daría la impresión de haber sido desafortunado. Esto no carga las tintas sobre los colegas, cualquiera tiene una mala experiencia. Quizá no era el momento y a lo mejor no estaban preparados. El punto es pasar página.

De regreso al comienzo, para despedirme diré algo más sobre los diagnósticos en la infancia. En estos tiempos hay una contradicción que es preciso subrayar en nuestra sociedad. Por un lado, hay un discurso enfático que celebra la infancia y la diversidad; por otro, crecen los diagnósticos y las formas salvajes de diagnosticar. No se trata de un punto de vista ni de otro, sino de encontrar un justo medio. Está claro que en nuestra sociedad los niños no lo pasan bien; crecen con más lentitud que hace unos años y tienen problemas de crecimiento a los que es preciso atender –sí, atender.

Aquí tenemos que hacernos cargo en lugar de ir para el lado fácil de la diversidad y que cada uno es distinto y especial. Ahora bien, eso no significa irnos hacia una patologización de la nueva normalidad y la creación de instrumentos adaptativos que solo resuelven ortopédicamente los problemas en cuestión. En resumidas cuentas, hay que pensar una estrategia específica para cada situación y, en particular, trabajar mucho, muchísimo con los padres, porque para un niño en crecimiento el principal soporte es la realidad vincular de su familia.

NO ES CULPA
DE LOS PADRES

Nos escribe Agustina (cuarenta y cinco años): "Hola, Luciano, ¿cómo estás? Disculpa que te escriba, pero estuve leyendo tu libro sobre adolescentes y quisiera entender un poco más sobre el periodo de latencia. Me gustó lo que dices de no tratar a los niños como si fueran tan niños y la cuestión del síntoma infantil. ¡Yo soy de esas madres que piensan que todo lo que le pasa a mi hijo tiene que ver conmigo! También quisiera pedirte si puedes desarrollar la idea de cómo es la relación con los pares en este periodo. Muchas gracias".

Querida Agustina, muchísimas gracias por tu mensaje y, claro, ¡no siempre es culpa de los padres! En efecto, me resultó divertido que tu carta comenzara con un "disculpa", ¿para quién será esa disculpa? No es un tema que a mí me concierna, así que paso a lo que me toca: explicar un poco mejor el periodo de latencia y detenerme en la cuestión del vínculo entre pares.

Para responder, vamos a empezar con algunas distinciones básicas. Hasta cierta edad, lo que les ocurre a los niños es una respuesta a lo que pasa en el vínculo con y de los padres. Esta es la definición básica del síntoma infantil. Sin embargo, esta concepción del síntoma vale para la primera infancia. A partir de la latencia sería esperable encontrar otro estatuto para lo sintomático. En particular, me refiero a aquellos síntomas con los que un niño (se) hace una pregunta que trasciende la relación con los padres; una que estos no pueden responder. En este nuevo estatuto, la pregunta está dirigida a la realidad.

Si las teorías que elucubran los niños pequeños –que se descubren en sus síntomas– responden a preguntas sobre de dónde vienen los hijos, la diferencia entre los sexos, etc.; la pregunta de la latencia es profundamente cosmológica. No se logra acceder a esta instancia sin la constitución de la mentira: no me refiero solo a que el niño engañe a sus padres, para darse cuenta de que no lo saben todo; sino también a que estos mientan, incluso cuando le dicen la verdad. Es que ya no pueden responder las preguntas del niño.

Intentaré ilustrar esto con un ejemplo. Conozco a un niño que comenzó a despertarse angustiado a las 3.00 a. m. Los padres le pueden contar la teoría de las etapas del sueño, etc., pero esa respuesta ya no está en el vínculo con los padres. Es una pregunta por la realidad del sueño. Esta es la diferencia entre un niño que juega con dinosaurios, a los que les teme y que representan su escena primaria, mientras que un latente se asombra –como me contaba uno– con que el universo está en expansión constante.

La especificidad del síntoma de la latencia es una de las cuestiones que menos se tiene en cuenta hoy en día. Más veces se sigue pensando el síntoma del latente con el modelo de la infancia temprana. Esto es evidente porque muchos niños que deberían ser latentes continúan en una relación temprana con los padres. Pero también ocurre que, en supervisiones, sea frecuente que colegas cuenten casos de latentes como si fueran niños pequeños. Y tratar a un niño como si fuera más pequeño de lo que es

No es culpa de los padres

acarrea problemas. Para eso ya están los padres cuando traen a consulta un latente y creen que todo lo que le pasa es por ellos, cuando el niño está en otra escena.

En cierta medida, podría decirse que la cuestión se debe a que hasta hace unas décadas la latencia coincidía con el inicio de la etapa escolar (primaria) y, de un tiempo a esta parte, los niños crecen más lentamente. Incluso la latencia se ha reducido considerablemente y, para el caso, es posible que dentro de unos años se pase de la infancia temprana a la pubertad sin que aún exista esta etapa intermedia, que es fundamental para el desarrollo de la interioridad y, como dije antes, una relación más estable con la realidad.

Cuando esto último no ocurre, nos encontramos con personas adultas que se relacionan como si fueran niños y, sin solución de continuidad, rápidamente confunden un jefe u otro tipo de autoridad con una figura paterna, o bien se manejan siempre en la informalidad de los vínculos. No por nada también hoy todos nos pensamos en términos de patrones de conducta que repetimos, desde la infancia, como si en el medio no hubiera pasado nada. En efecto, la teoría popular del apego ansioso y el apego evitativo se ha difundido en esta época en que a las personas les cuesta mucho dejar de actuar como niños.

Dicho esto sobre la primera cuestión, pasemos a la segunda. Sobre este punto quisiera que se tenga presente otra distinción: durante su etapa infantil, los niños se pelean con su hermano u otros niños rivales. Esto es propio de la pasión edípica por excelencia: los celos. En el pasaje a la latencia, el conflicto se interioriza y es esperable que –hasta la regresión de la pubertad– se pelee menos con los hermanos u otros niños: el trabajo psíquico consiste menos en destacarse respecto de otro niño, para ganarse el amor de los padres que en diferenciarse del niño que se fue (para esos mismos padres).

Este es un indicador claro y preciso. Por ejemplo, el latente ya no quiere dormir en la cama en que dormía de pequeño, o bien es mucho más sensible al reconocimiento de su madurez. Dicho de otro modo, el latente ya no quiere ser el hermano mayor o el hijo predilecto; se conforma con no ser el niño edípico. Nuevamente, este es un aspecto básico para entender los modos vinculares actuales, en los que los celos ocupan un lugar destacado y a veces hasta enfermizo, habilitando conductas compulsivas, formas de control y otros tipos de posesividades.

Querida Agustina, la latencia dista mucho de ser un tópico marginal o anécdota. Según el modo en que la pensemos nos haremos una idea del desarrollo psíquico del niño.

CONCLUSIÓN

¿CÓMO SE LLAMAN NUESTROS HIJOS?

Todos tenemos un nombre y apellido. El apellido es algo que nuestros padres no pudieron elegir darnos, ya que ellos también lo recibieron con cierta imposición. No pueden hacer más que transmitirnos esa marca que establece un linaje.

El apellido siempre produce algún efecto en quien lo porta. A veces se lo padece, otras se responde a este irónicamente – como algunos casos graciosos lo demuestran; por ejemplo, hace unos años hubo un prestigioso pediatra de apellido Garrote, como también existió un abogado llamado Travieso-. En fin, el apellido es una marca simbólica –a veces parecida a las marcas comerciales– que implica pertenencia, cierto estatus (o pérdida del mismo), honor o vergüenza, una especie de sello que nos inscribe en una genealogía.

Muchas escenas cotidianas sirven para ejemplificar el efecto del apellido. Es a veces parte del encuadre en el trabajo psicoanalítico: los nombres de niños y niñas son escritos en una pizarra, junto al del adulto que los acompaña. Una mujer que asiste con sus dos hijos a una institución desde que estaba embarazada del menor nos relataba que pensaba en inscribir bajo su apellido a sus dos hijos, y no usar los de sus respectivos padres, para que no quedara duda de que eran hermanos. Una vez que nació el bebé que esperaba, nos pidió que pusiéramos el nombre de cada niño y solo la inicial de cada apellido, ya que ambos comenzaban con la misma letra, como una forma de suprimir esta diferencia. Otras veces son los mismos niños y niñas los que pronuncian el apellido de sus hermanos, y sus madres los corrigen.

La pizarra ha sido la fuente de diversas conversaciones en torno a diferentes tipos de filiaciones. Algunas cuidadoras que dicen ser abuelas o madres aparecen, al escribir el apellido, con una filiación diferente, incluso con algunas que van más allá del apellido: las "madres del corazón", como ellas se nombran. Y así como este vínculo es vivido con orgullo, hay diferencias que son planteadas, casi en secreto, con una cierta vergüenza y temor. En Chile el fantasma los "huachos" sigue acechando. Con dicho término se apela a los hijos sin padres conocidos. La palabra proveniente del quechua "huak'cho", que significa animal que ha salido de su rebaño, fue también utilizada para denominar a quienes no poseían bienes. Ser huacho en Chile, se convirtió en un problema de identidad y de abandono, situación que tuvo una honda repercusión en todos los sectores sociales. Lo "huacho" es lo ilegítimo, lo desprotegido de las instituciones sociales tradicionales y de la ley civil, es decir, de un apellido.

Por otro lado, algo diferente ocurre con el nombre propio, no hay "huachos" de nombre, porque el nombre es la forma en que adquirimos cierta singularidad. Incluso es lo que sí pueden elegir los padres para recibir al hijo que llega.

Hay mil formas de pensar el nombre de un hijo. Hay quienes ya en su propia infancia desearon que, cuando tuvieran un hijo, se llamaría de un modo u otro. Incluso entre jóvenes es común que, lejos todavía de planificar una descendencia, uno de los primeros juegos de quienes están en pareja sea pensar nombres de hijos potenciales.

También es posible que el nombre surja como homenaje circunstancial a un miembro de la familia: están quienes llevan el nombre de los padres de los padres, el de un hermano, el un hijo que no pudo vivir, etc., y en todos estos casos se trata de que, a pesar de la transitoriedad, algo pueda permanecer.

Otra vía habitual es la de los padres que a través del nombre proyectan en el hijo alguna referencia simbólica que quizá fue más importante que el propio apellido. Por ejemplo, uno de los hijos del músico Kevin Johansen se llama Tom Atahualpa en clara alusión a Tom Jobim y Atahualpa Yupanqui.

Ahora bien, independientemente de las vías por las cuales se llega al nombre para un hijo, hay algo que es evidente: con ese nombre esperamos darle a nuestro hijo una identidad especial, queremos que ese nombre signifique algo que impacte en su destino, ya sea porque describa su forma de ser, un rasgo de su carácter, etc. (un ejemplo de esto es la cantidad infinita de libros y sitios web para saber el significado de los nombres). Sin embargo, lo más hermoso es que el destino siempre juega a su favor y nos confronta con que a veces esos nombres son rechazados por los hijos, aunque también por nosotros mismos cuando surge el verdadero nombre de un hijo, que nunca es el que está en documento nacional o en el pasaporte.

Expliquémonos. Hace poco una mujer por la calle perseguía a su hijo (de alrededor de seis años) que se iba detrás de un globo. Lo llamaba "Héctor", hasta que por fin le dio alcance. Cuál no fue la sorpresa cuando, al llegar hasta su lado y tomarlo del brazo, le dijo "Ay Martincito, mi vida". ¿Cuál era el nombre del niño? Esta secuencia recuerda otra, mucho más graciosa o divertida (como cualquier tragedia puede ser relatada de manera divertida cuando ya pasó), la de una niña que se perdió en la playa y cuando el socorrista le preguntó por su nombre, ella respondió: "María Teresa, pero mis papás me llaman Lita".

Estas dos anécdotas muestran que, incluso junto al nombre oficial, poco a poco se empieza a desplegar con llegada del hijo, un nuevo nombre, que ya no fue pensado, sino que nace del encuentro entre padres e hijos. Este nombre muchas veces tiene una primera aparición con el recurso al diminutivo (como en el caso de "Martincito" que, por lo visto, ni siquiera se llamaba Martín), aunque puede provenir de cualquier otro tipo de acontecimiento; no solo cuando a un niño que nació más oscuro se lo llama –por ejemplo– "Negrito" (aunque con el tiempo su piel se ponga blanca como la leche), sino porque quizá hubo un día en que ocurrió cierta coyuntura y de ahí resultó el nombre que lo acompañará toda la vida (como el de ese chico al que todos llamaban "Lío" no porque se llamara "Lionel" sino porque, de niño, en cierta ocasión se mostró revoltoso en un restaurante, a pesar de que –paradójicamente– después de ese día fue un niño de los más obedientes).

El nombre infantil, ese que surge entre padres e hijos, que desborda la marca del apellido, pero también el significado que los padres quisieron atribuirle con sus ideales, es el que más determina la vida de alguien. Es un nombre que nace un poco de la ternura y otro poco del azar (o como dice la canción de Jorge Drexler: "De amor y de casualidad") y es el nombre que se jugará en los vínculos íntimos a partir de cierta edad. Al ser un nombre que nace en el seno de la familia, sin duda sufrirá una transformación con la búsqueda adolescente de la exogamia. Por ejemplo, muchos jóvenes sienten vergüenza del modo en que sus padres los nombran públicamente; por cierto, no pocos chistes suelen hacerse cuando se descubre la forma en que una madre (o un padre) nombra a su hijo en la intimidad del lazo filial.

Por eso, con el tiempo es preciso que también los hijos se separen (nos separemos) de ese nombre infantil, ya sea para transformarlo o incluirlo en otra serie de sobrenombres, nombres entre el grupo de pares o nombres amorosos. Así es como los jóvenes inventan todas esas nominaciones que exaltan algún rasgo físico ("Cabezón", etc.) y las parejas, esas tan cursis como encantadoras ("Bichi", "Chuchi", "Gordi") que si un extraterrestre viniese a la Tierra es factible que se pregunte por qué en una relación erótica (nos) nombramos con términos tan horribles. Es porque, al igual que los animales que cambian la piel para poder crecer, necesitamos desprendernos de nuestros nombres infantiles.